중난하이

이 도서의 국립중앙도서관 출판예정도서목록(CIP)은 서지정보유통지원시스템 홈페이지(http://seoji.nl.go.kr)와 국가자료공동목록시스템(http://www.nl.go.kr/kolisnet)에서 이용하실 수 있습니다. (CIP제어번호: 2016003365)

중난하이

중국 정치와 권력의 심장부

이나가키 교시 지음

이용빈 옮김

한울
아카데미

CHUNANKAI: SHIRAREZARU CHUGOGKU NO CHUSU
by Kiyoshi Inagaki
ⓒ 2015 by Kiyoshi Inagaki
First published 2015 by Iwanami Shoten, Publishers, Tokyo.
This Korean edition published 2016
by HanulMPlus Inc., Paju
by arrangement with the proprietor c/o Iwanami Shoten, Publishers, Tokyo

차례

한국어판 서문 _ 17
머리말: 미·중 양국 '중난하이 회담' _ 21

제1장 중난하이란? ·· 33

  1. 중난하이란 어떤 곳인가? _ 33

  2. 중난하이의 주요 건축물 _ 42

  3. 중난하이 체험 _ 59

  4. 중난하이 주변의 주요 건축물 _ 66

  5. 중국 요인들의 주거지 _ 81

  6. 중난하이 주변을 걷다 _ 93

  7. 주요 관청의 소재지 _ 100

제2장 중난하이의 현대사 ································· 107

  1. 마오쩌둥의 중난하이 _ 107

  2. 비극의 국가주석 류사오치와 중난하이 _ 118

  3. 저우언라이와 서화청 _ 125

  4. 세 차례 중난하이를 출입했던 덩샤오핑 _ 130

  5. 개혁파 지도자 후야오방의 인생과 중난하이 _ 135

  6. 중난하이의 생활 모습 _ 140

제3장 중난하이의 정치: 누가 무엇을 어떻게 결정하고 있는가? ········· 149

　　1. 중국공산당 본부로서의 중난하이 _ 149

　　2. 정책 결정 메커니즘: 소조 정치 _ 168

　　3. 중국공산당의 구조 _ 178

　　4. 국무원(중앙정부) _ 194

제4장 중난하이에는 누가 있는가? ·· 203

　　1. 중난하이에 진입한 사람은 누구인가? _ 203

　　2. 중국인민해방군 인사와 중난하이 _ 218

　　3. 중난하이에 진입하는 지도자는 누구인가? _ 232

　　4. 중난하이의 사투: 시진핑의 부정부패 박멸운동 _ 245

지은이 후기 _ 259

옮긴이 후기 _ 262

참고 문헌 _ 265

중난하이 약년표 _ 272

인명 색인 _ 279

일러두기

- 중국 궁궐, 중난하이 내부의 건물, 베이징시의 거리 명칭은 한자 발음으로 표기했다(예: 회인당, 자광각, 조양구, 장안가). 그 외 나머지는 모두 중국어 발음으로 표기했다(예: 베이징, 상하이, 잉타이, 댜오위타이 국빈관).
- 이 책의 한국어판에는 일부 수정된 내용을 반영하였으며, 이 책의 모든 각주는 옮긴이 주이다.

중난하이

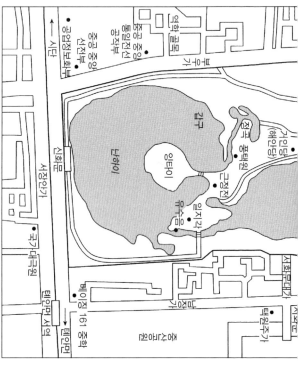

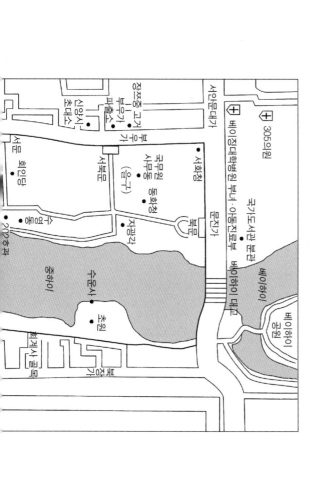

305의원

베이징대학병원 부녀·아동진료부

국가도서관분관

베이하이 대교

베이하이

베이하이 공원

중하이

수운사

초원

회계사 골목

서금 화인당

수요앵

202호관

자광각

국무원 사무동 (옥구)

동화청

북문

서화청

문진가

서북문

서문

죽후가

부우가

신양시 초대소

징짜충 고기 부우가 파출소

서위문 대가

중난하이 및 고궁

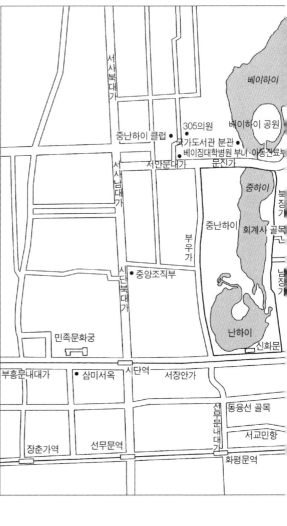

베이하이

베이하이 공원

서사북대가

305의원

중난하이 클럽

국가도서관 분관

베이징대학병원 부녀·아동진료부

서한문대가

문진가

중하이

서사남대가

북장가 골목

중난하이 회계사

남장가

부우가

시단북대가

중앙조직부

난하이

신화문

민족문화궁

부흥문내대가

삼미서옥

시단역

서장안가

선무문내대가

동융선 골목

서교민항

장춘가역

선무문역

화평문역

건국문 및 조양문

중국사회과학원 일본연구소

장쯔종로

동사북대가

조양문북소가

국무원 발전연구센터

조양문역

외교부

동사남대가

조양문남소가

동성구

협화의원

동단북대가

중국사회과학원

동방광장

건국문내대가

건국문역

둥단역

숭문문내대가

베이징의원

베이징역

베이징역

숭문문역

공인
체육장

동심환북로

대사관가

일단공원

조양구

동심환중로

베이징 우의상점 • 제가원
• 건국문외대가

중국대반점 •

영안리역

국무역

퉁후이허

숭문구

베이징 시내

베이징 북역

동물원

서직문역

차공장역

부성로

댜오위타이 국빈관

옥연담 공원

부성문역

공주분역

군사박물관

만수로역

부흥로

부흥문외대가

징시빈관

군사박물관역

무시디역

남례사로역

중앙대외연락부

부흥문역

베이징 서역

광안문외대가

적수담역

덕승문

고구대가역

옹화궁역

죽원빈관

안정문역

시하이

쑹칭링 고거

종루

고루

고루동대가

옹화궁

허우하이

우호빈관

남라고항 첸하이

후원은사 골목

지안문서대가

마오둔 고거

덩샤오핑 거처

지안문동대가

베이하이

서안문대가

베이하이 공원

징산 공원

서성구

문진가

고궁

동성구

중하이

부우가

텐안먼 서역

왕푸징대가

텐안먼 동역

왕푸징역

둥단역

시단역

난하이

텐안먼 동역

서장안가

숭문문역

전문

유리창

전문대가

대책란

주시구동대가

광안문내대가

천단

선무구

주시구서대가

우가

숭문구

예배사

천교

잉타이

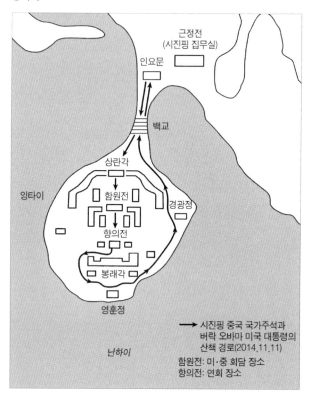

근정전
(시진핑 집무실)

인요문

백교

상란각

함원전

경광정

잉타이

향의전

봉래각

영훈정

난하이

➤ 시진핑 중국 국가주석과
버락 오바마 미국 대통령의
산책 경로(2014.11.11)

함원전: 미·중 회담 장소
향의전: 연회 장소

중난하이 관련 지도는 리즈쑤이(李志綏), 『마오쩌둥 개인 주치의 회고록(毛澤東私人醫生回憶錄)』; Harrison E. Salisbury, *The New Emperors: China in the Era of Mao and Deng*; 징푸쯔(京夫子), 『중난하이 은구록(中南海恩仇錄)』; 마이니치 신문 중국총국(每日新聞中國總局), 『붉은 당(紅の黨)』에 수록되어 있는 중난하이의 전체 지도를 참고해 필자가 독자적으로 작성했다. 잉타이와 풍택원의 상세 지도(52쪽)도 관련 문헌의 내용을 토대로 필자가 독자적으로 그렸다.

한국어판 서문

이번에 필자의 졸저(拙著) 『중난하이(中南海)』(岩波書店)의 한국어판이 곧 출간된다는 소식을 접하게 되었습니다. 무엇보다 번역 출판을 기획해주신 한국의 한울엠플러스(주) 그리고 이것이 가능할 수 있도록 중개 역할을 마다하지 않고 해주신 일본의 이와나미쇼텐(岩派書店) 관계자 분들에게 진심어린 감사의 말씀을 전하고자 합니다.

『중난하이』는 그 자체의 공간, 역사 그리고 그곳에서 전개되는 정치를 통해 중국 및 중국 정치를 이해할 수 있다는 관점에 입각해 필자의 40년 동안의 연구를 하나로 결집해 분석을 시도한 연구 성과물입니다.

물론 필자의 졸저로 중국 정치를 완전히 이해할 수 있을 것이라고는 생각하지 않습니다. 완전히 이해할 수 있기는 커녕, 중국 정치를 제대로 이해하고자 접근해도 아직까지 중난하이의 벽은 높고 두꺼우며 그 문은 굳게 닫혀져 있는 것이 현실입니다.

그렇지만 이 책의 집필을 계기로 필자 자신도 중국에 대해 새로운 이해를 하게 되는 한 걸음을 내딛게 되었다고 생각합니다. 한국의 독자 여러분께서도 이 책을 통해 중국 정치 및 사회에 대한 이해가 더욱 깊어질 수 있다면 필자로서는 더할 나위 없는 기쁨이 될 것입니다.

현재 한국, 일본, 중국 삼국은 동아시아 및 세계에서 각기 중요한 역할을 담당하고 있습니다. 이와 동시에 한국, 일본, 중국 삼국의 강력한 상호 연대가 더욱 절실해지고 있는 국면에 접어들고 있습니다. 이 책의 한국어판 출간을 통해 한국, 일본, 중국 삼국 간의 상호 이해가 가일층 심화될 수 있기를 희망합니다.

2016년 2월

홍콩에서

이나가키 교시

머리말: 미·중 양국 '중난하이 회담'

'잉타이 만보'

2014년 11월 11일 오후 6시 30분, 이미 해가 저문 중난하이(中南海)의 근정전(勤政殿)에 대형 리무진 한 대가 멈추어 섰다. 리무진에서 내린 사람은 버락 오바마(Barack Obama) 미국 대통령이었고 마중을 나와 영접했던 사람은 '중난하이의 주인' 시진핑(習近平) 중국 국가주석이었다. 두 정상은 난하이(南海) 물가의 버드나무가 흔들리며 차가운 기온이 감도는 가운데, 검은색 외투를 입고 회견 장소인 잉타이(瀛台)의 함원전(涵元殿)으로 향했다. 두 정상 옆에는 각각의 통역사가 있었지만 통역하는 모습은 보이지 않았다. 시진핑이 오바마에게 영어로 말했던 것은 아니었다. 중국어를 할 수 없는 오바마는 그 상태로 듣고 있었다.

중난하이는 과거에 중국의 황제가 살던 곳이었고, 현재는 중국공산당과 정부[국무원(國務院)]의 소재지로서 요인(要人, VIP)들이 거주하고 있다.

중난하이의 작은 섬인 잉타이는 청(淸)나라 시대 황제의 휴식 장소이자 외국 사절을 초대하는 경치가 빼어나게 아름다운 접대 장소였다. 1898년[광서(光緖) 24년] 6월 11일 광서제(光緖帝)는 캉유웨이(康有爲)와 량치차오(梁啓超)의 진언을 받아들여 '무술변법(戊戌變法)'이라는 개혁을 시작했다. 그런데 그로부터 겨우 100일 후인 9월 21일, 백모(伯母) 서태후[西太后, 자희태후(慈禧太后)]의 쿠데타로 인해 광서제는 잉타이에 유폐되었고 변법은 실패했다(무술정변). 서태후는 광서제가 잉타이 밖을 나가지 못하도록 근정전과 잉타이를 연결하는 다리[백교(白橋)]를 감시했다. 결국 광서제는 1908년 11월 서거할 때까지 10년간 정전(正殿)인 함원전에서 지내야 했다. 잉타이는 이러한 역사를 간직하고 있는 무대이고, 함원전은 현재 세계의 수뇌를 초대하는 중국 국가주석의 전용 영빈관(迎賓館)이 되었다.

최초의 TV 생중계

아시아·태평양 경제협력체(APEC: Asia Pacific Economic Cooperation) 정상회의를 마치고 11월 11일 오후부터 오바마의 중국 공식 방문 행사가 시작되었다. 두 정상의 본격적인 회담은 2013년 6월 미국 캘리포니아의 휴양지 '서니랜즈(Sunnylands) 정상회담'(서니랜즈는 대통령의 별장이 아닌 개인적인 초대 장소) 이후 처음이다.

시진핑이 일반적으로 사용되는 인민대회당(人民大會堂)이 아닌 중난하이에서 정상회담을 거행한 것은 이례적인 일이었다. 이는 서니랜즈 '별장[莊園] 회의'에 대한 답례로서 중난하이 내부 중에서도 특별한 역사가 있는 잉타이를 선택했던 것이다. 과거 잉타이에서 해외 빈객(賓客)을 초대해 연회를 열었던 적은 있었다. 그렇지만 정상회담을 개최한 것은 이번이 처음이고 일부이기는 하지만 그 모습을 TV로 방영한 것도 처음이다. 시진핑이 얼마나 미국과의 외교를 중시하고 또한 오바마와의 개인적 관계를 중요하게 여기는지를 보여준 것이라 할 수 있다.

두 정상은 잉타이의 입구인 인요문(仁曜門)에서 함원전에 도착할 때까지 산책하면서 시진핑은 잉타이의 주요 건축물이 청나라 시기에 지어진 것이라고 말했고, 오바마는 중국을 이해하기 위해 근대사를 공부할 필요가 있다고 응했다. 또한 시진핑이 중난하이의 사무실 등을 소개하자 오바마는 "백악관에서도 산책을 하지만 잉타이와 같이 크지는 않다"라고 대답했다.

보름달이 비추는 가운데 두 정상은 함원전 앞에서 기념촬영을 했다. 그 편액(扁額, 간판의 일종)에는 건륭제(乾隆帝)가 직접 쓴 글자가 걸려 있었다. 미국 기자에게 감상(感賞)평을 들은 오바마는 "무척 대단하다!"라고 응했다.

회의장에 들어선 두 정상은 앞서 도착한 미국과 중국의 출석자를 서로 소개했다. 중국 측 출석자는 양제츠(楊潔篪) 국무위원(외교 담당), 왕이(王毅) 외교부장, 추이톈카이(崔天凱) 주미 대사, 정쩌광(鄭澤光)1) 외교부장조리(外交副長助理, 전임 북미 국장)로 국무원 외교부의 간부들이었다. 한편, 미국 측 출석자는 존 케리(John Kerry) 국무장관, 수전 라이스(Susan Rice) 국가안보 담당 보좌관, 맥스 보커스(Max Baucus) 주중 대사였다. 양측 모두 대단히 적은 수의 인원으로서 제1회 미·중 회담의 특징은 실무 담당자가 중심이었다.

---

1) 2015년 12월에 중국 외교부 부부장(副部長)이 되었다.

개인 회의

회담은 두 정상을 비롯해 수행원 역시 넥타이를 벗은 '개인 회의'로서 양국이 관심하는 국제정세를 중심으로 대화를 나누는 모습이었다. 중국 측 보도에서는 시진핑이 재차 '신형(新型) 대국관계'라는 말로 미국에 압박을 가한 것에 반해, 오바마는 국제사회 가운데 중국의 역할을 환영하고 양국이 함께 아시아·태평양 지역에서의 평화와 안보를 촉진하기 위해 공헌하자고 호소했다. '신형 대국관계'란 ① 충돌 및 대항을 하지 않고, ② 핵심적 이익과 중대 관심에 관해 '상호 존중'을 하며, ③ 협력 및 윈윈(win-win)을 하자는 3가지를 의미한다. 일부에서 오바마가 이 회의에서 홍콩 정세에 대해 발언하지 않을까 하는 관측이 있었지만, 중국 측 보도에 따르면 그 점에 대해 별다른 언급이 없었다. 두 정상은 11월 12일 기자회견에서 홍콩에 대해 각각의 견해를 논했다(이 문제는 뒤에서 다루겠다).

당초 이번 정상회담은 오후 6시 30분에 산책을 시작해 회담 및 비공식 만찬회와 이어지는 다과회를 포함해 9시 15분에 모든 일정이 끝날 예정이었다. 하지만 30분이었던 회담이 90분, 90분이었던 연회가 2시간, 30분이었던 다과회가 1

시간으로 각각 대폭 늘어 결국 모든 일정이 끝난 시간은 11시 30분 무렵으로 알려져 있다. 당초 예정 시간을 2시간 정도 넘긴 것이다.

비공식 만찬회는 함원전 남쪽에 있는 봉래각[蓬萊閣, 향의전(香扆殿)]에서 이루어졌는데 관련 영상이 공개되지는 않았다. 만찬회 이후 두 정상은 통역사를 따라 난하이 물가를 따라 산책했고 잉타이의 남쪽 끝에 있는 영훈정(迎薰亭)에서 식후(食後) 차를 즐겼다. 그 이후 기암(奇岩)이 있는 경광정(鏡光亭)을 돌아보고 나서, 오바마가 잉타이를 잇는 백교 앞에서 대통령 전용 리무진으로 귀로에 오르면서 미·중 정상회담 및 비공식 만찬회가 종결되었다. 중난하이의 밤은 쌀쌀했지만, 미·중 관계는 뜨거운 상태로 이튿날 공식 환영식전을 맞이하게 되었다.

중국은 중난하이에서도 유서 깊은 잉타이에서의 회담과 비공식 만찬회를 강조하며, 미국과의 친밀함을 강조하고 연출했다. 반면, 미국은 중국의 입장에서 보면 맥이 빠질 정도로 신속하게 정상회담을 실무적으로 소개했을 뿐 '중난하이'나 '잉타이'라는 말조차 나오지 않았다[11월 11일 백악관의 팩트 시트(Fact Sheet: President Obama's Visit China)].

'국사(國事) 방문'

오바마의 공식 방문 2일째에는 인민대회당에서 환영 식전이 거행된 이후 이어서 두 번째 정상회담이 열렸다. 중국 측 출석자는 어젯밤 참석했던 국무원 외교부 관계자 외 시진핑의 브레인인 왕후닝(王滬寧) 중국공산당 중앙정책연구실 주임, 리잔수(栗戰書) 당 중앙판공청(中央辦公廳) 주임, 쉬사오스(徐紹史) 국가발전개혁위원회 주임 등 부장(장관)급이었다. 또한 오바마는 리커창(李克强) 총리, 장더장(張德江) 전국인민대표대회(약칭 전국인대, 대한민국 국회에 해당) 상무위원회 위원장 등과 개별적으로 회견을 했다. 환영 오찬회에는 당 중앙정치국 상무위원 위정성(俞正聲), 류윈산(劉雲山), 왕치산(王岐山), 장가오리(張高麗) 4명이 출석하는 등 이례적인 후대를 하는 모습이었다. 시진핑, 리커창 등 7명의 당 중앙정치국 상무위원들이 이번 오바마의 방중을 얼마나 중시했는지를 알 수 있다.

두 번째 정상회담에서는 주로 양국 간의 쟁점에 대한 대화가 이루어졌다. 시진핑은 '신형 대국관계'와 '신형 군사관계'의 구축 추진을 제창하고, 고위급 대화의 강화, 경제·무역, 군사, 반테러, 에너지, 위생, 인프라 등의 교류 확대 등 6

개 항목을 제안했다. 또한 미국 및 관계국에 대해 앞서 중국 주도로 설립된 아시아인프라투자은행(AIIB: Asia Infrastructure Investment Bank)에 대한 참가도 호소했다.

오바마는 시진핑의 제안을 중시하면서도 '신형 대국관계'의 호소에 대해서는 직접 응하지 않고, 중국이 국제사회에서 중요한 역할을 수행하는 것을 환영한다고 언급했다.

이번 회담에서 양국은 투자협정 체결 교섭 촉진, 에너지·환경 문제, 군사 충돌 회피(상호 연락 시스템 조기 구축), 기후변화 대책, 비자 발급 완화 등 구체적 항목에서 합의했다.

정상회담 이후 기자회견에서는 홍콩 문제에 대해 시진핑이 "홍콩은 내정 문제이며 외국의 간섭을 배제한다", "짐중占中, 홍콩의 중환지구(中環地區) 등의 점거은 불법 행위이며 홍콩 정부가 사태를 다스린다"라는 원칙론을 전개했다. 이에 반해 오바마는 "홍콩의 선거는 투명하면서 또한 공정하게 행해지는 것을 희망한다"라며, '점중'에 대한 일정한 이해를 보이면서 중국에 대한 견제를 했다는 것이 주목할 만한 대목이었다. 또한 사이버(cyber) 문제와 통화(通貨) 문제도 화제에 올랐다고 전해졌지만 결국 합의에는 이르지 못했다.

미·중과 중·일

 2014년 APEC 정상회의는 자유무역권의 조기 실현을 합의했다. 그뿐 아니라 이 회의는 중국의 부상이 상징적으로 드러난 회의였는데 의장으로서 시진핑의 지도력을 다양하게 보여준 회의였다. 하지만 회의 이면의 테마는 중·일관계, 미·중관계이기도 했다. 중·일관계는 '파빙(破氷, 냉담한 관계를 타파)'했지만 낙관할 수 없다. 그럼에도 정치관계의 개선으로 조기에 인사 및 비즈니스 교류가 시작될 분위기다. 중국 국내의 여론을 배려해 아베 신조(安倍晋三) 일본 총리와 싸늘한 모습으로 회견한 시진핑이었지만, 이번 '파빙'을 학수고대했던 것은 일본만이 아니었던 듯하다. 또한 미·중의 공동 기자회견에서는 오바마가 "일·중의 회견을 환영한다"라고 발언해, 이번 '파빙'이 국제적 지지를 받는 모양새가 되었다.

 미·중의 '신형 대국관계'를 강하게 바라며 최고의 대우를 했던 시진핑이었지만, 최후까지 오바마의 언질(言質)을 얻지 못했다. 오히려 오바마는 '재균형(rebalance)'을 말하며 중국을 견제했다. 또한 경제, 환경 문제 등에서는 합의했지만 정치, 인권 문제 등에서는 그 간격을 메우는 데 이르지 못했다. 시진핑 정권의 입장에서 볼 때, 중간 선거에서 대패했고 2년 후 다음 정권에게 양보해야 하는 미국 민주당 소속 오바마와의 관계 강화는 이다음 공화당 정권이 탄생할 경우 거꾸로 발목을 잡히는 구실이 될 수도 있다. 두 정상의 견지에서 보면 향후 2년이 승부처이다.

시진핑의 중난하이

신비한 공간인 중난하이, 그 가운데서도 특히 잉타이는 역사적으로 과거 황제 시대의 중국을 상징하고 있다. 또한 오늘날에는 중국의 최고 지도자인 국가주석이 국내외의 최고급 손님을 초대하는 장소가 되고 있다. 그 영예를 받은 것은 미국, 러시아, 일본, 타이완의 요인들이었다.

시진핑이 국가주석에 취임하고 최초로 잉타이에 초대한 사람이 오바마였다. 이것은 미·중관계를 가장 중시하는 시진핑 정부의 자세를 보여준다. 향후 어떠한 해외 지도자가 잉타이의 빈객이 될 것인가? 이것은 시진핑 외교를 점치는 하나의 시금석이라고 말할 수도 있을 것이다.[2]

한편, 시진핑의 전임자였던 후진타오(胡錦濤) 전 국가주석은 국내외 학생을 초대했다. 특히 2011년 미국 시카고의 고등학생들을 초청했던 일은(이에 대해서는 뒤에서 언급함) 시진핑과 마찬가지로 미·중관계를 중시하고 있다는 표현이었다. 또한 중국 국내의 지진 피해자를 초청했던 것은 내정을 중요하게 생각하는 후진타오의 모습을 여실히 보여주는 것이었다. 후진타오는 2008년 5월의 쓰촨(四川) 대지진을 추도하기 위해 당시 당 중앙정치국 상무위원 9명과 함께 중난하이의 회인당(懷仁堂) 앞에서 묵도(黙禱)를 했는데, 정치국 회의 등 중요한 회의가 열리는 곳인 회인당의 모습이 영상으로 소개된 것은 대단히 이례적인 일이었다.

시진핑은 오바마를 중난하이에 초대해 최고의 대우를 했다. 향후 시진핑은 국내에서 어떤 사람들을 부를까? 후진타오 시대의 원자바오(溫家寶) 전임 총리는 "중난하이는 항상 열려 있다"라고 말하며, 매년 3월에 열리는 전국인대에서의 정부 활동 보고의 참고로서 택시 운전수, 고향을 떠난 노동자, 교사 등을 중난하이의 국무원 회의실로 초청해 시장(市場) 동향, 정부에 대한 주문(注文) 등과 관련해서 청취를 했다. 말하자면 길거리 '정점(定點) 관측'이다. 시진핑은 시중

---

2) 시진핑은 2015년 6월 24일 벨기에 국왕 부부를 잉타이로 초대했다.

(市中)의 식당에서 만터우(饅頭)와 면 요리를 먹는 '대중과 함께 호흡하는' 지도자의 모습을 호소하고 있다. 다른 한편, 그는 '중국의 꿈(中國夢)'을 강조하고 있다. 그런데 그의 이와 같은 커다란 꿈에 입각해서 보면, 1980년대에 노벨상을 수상한 과학자나 길거리 청소부 등을 가릴 것 없이 대중에게 중난하이를 개방했던 시절처럼, 부분적·일시적이기는 해도 잉타이와 풍택원(豊澤園) 등을 일반 대중에게 개방하고 사람들이 난하이에서 보트타기 놀이를 만끽할 수 있도록 하는 등의 대담한 조취를 취할지도 모른다. 어떤 의미에서는 이것도 '중국의 꿈'이라고 할 수 있을 것이다.

제1장

중난하이란?

1. 중난하이란 어떤 곳인가?

1) 중난하이 안내

(1) 권력의 상징

'중난하이'란 인공 연못 '중하이(中海)'와 '난하이'의 통칭(統稱)이며, 그 장소는 베이징(北京) 중심부의 고궁(故宮) 서쪽에 인접한 일각(一角)이다. 중난하이는 원(元)·명(明)·청나라 시기부터 황제의 어원[御苑, 서원(西苑)]으로 이용되었으며, 청조 말기부터 중화민국(中華民國) 창립 시에는 위안스카이(袁世凱) 대총통의 총통부(總統府)였다. 그리고 1949년 10월 1일 중화인민공화국(中華人民共和國)의 건국 이후에는 중국공산당 중앙 및 중앙정부[정무원(政務院), 이후의 국무원]의 소재지가 되었다.

원나라 시절 베이징 서쪽 교외에 위치한 옥천산(玉泉山)에서 시(市) 중심부까지 물을 끌어와 3개의 연못[북쪽부터 베이하이(北海), 중하이, 난하이]을 만들고, 그 주변에 정원, 주택, 사무소, 다양한 전(殿), 각(閣), 문(門)을 세웠다. 그 가운데 베이하이는 어원에서 분리되어 공원으로 일반에게 개방되고 있다.

중난하이는 단순한 장소를 나타내는 것이 아니라, 권력의 상징으로서 정치 용어가 되고 있다. 즉, '중난하이에 들어 간다'라는 표현은 '당의 지도부에 진입한다'는 것을 의미한다. 그 때문에 중난하이는 일본에서 말하자면 나가타초(永田町, 자민당 등 여당의 본부 소재지)나 총리 관저 혹은 미국의 백악관, 러시아의 크렘린 등에 비유되는 일도 있다.

중난하이의 면적은 중국 단위로 1500무(畝, 100만m²)이며, 그중 700무가 연못(중하이와 난하이)이다. 그 넓이는 도쿄 돔(Tokyo Dome) 25개분 혹은 도쿄 디즈니랜드(Tokyo Disneyland)와 디즈니시(Disneysea)를 합친 면적에 상당한다.

(2) 황가원림

중난하이에는 1898년 무술정변으로 광서제가 유폐된 난하이의 작은 섬 '잉타이', 마오쩌둥(毛澤東) 전임 국가주석의 주거지가 있었던 풍택원, 1976년 10월 '4인방'의 체포 등 수많은 역사를 간직하고 있는 회인당, 당 중앙서기처(中央書記處) 집무실이 있는 근정전 등 140개 이상의 건물과 2000개 이상의 방이 있다. 중난하이 내부에는 중국공산당의 삼엄한 경비가 행해지고 있는 사무동[事務棟, 사무구(事務區)]뿐 아니라 '연경 8경(燕京八景)'으로 뽑힌 적 있는 수운사(水雲榭), '원중지원(園中之園)'이라고 불리는 정곡(靜谷) 등 '황가원림(皇家園林, 황제 소유의 정원)'이 펼쳐져 있다.

이곳은 지금의 관점에서 말하자면 유망한 관광자원이기도 하다. 과거에 잠시 공원으로 개방되어 중국인들에게 한정해 마오쩌둥의 주거지 등을 공개했던 적도 있다. 또한 2011년 미국의 고등학생들이 후진타오의 초대를 받아 잉타이를 견학한 일도 있는데, 현재는 원칙적으로 공개되지 않는 '신비한 공간'이다. 아울러 중국의 역대 주요 지도자 및 그 자제들이 거주했던 구역이 있는데, 그 자제들은 중난하이에서 가까운 학교로 통학했다.

중난하이는 정치의 중심지이며 동시에 중국의 요인들 및 그 비서진이 거주하는 구역이기도 하다. 요인들의 거주 구역은 베이징의 전통적인 건축양식인 사합원(四合院)[1] 구조로 지어졌다. 사합원은 북쪽에 위치하는 '정방(正房)'이 주 침실(主寢室)이고 동방(東房)과 서방(西房)이 각기 객간(客間)과 식당이며 중정(中庭)을 가운데 두고 비서진의 방들이 늘어서 있다. 이것이 기본적인 구조이다.

중난하이는 과거 마오쩌둥의 주거지였던 수영동을 경계로 북쪽이 '국무원구[國務院區, 을구(乙區)]'이고 남쪽이 '당중앙구[黨中央區, 갑구(甲區)]'이다.

이렇게 대략적으로 살펴보아도 '중난하이는 도대체 어떤 구조로 이루어져 있는가?'라는 소박한 의문은 사라지지 않는다. 제1장에서는 중난하이의 주요 문, 건물, 주변 건축물, 도로를 소개하고 중난하이에 대한 탐색을 더욱 구체적으로 해보도록 하겠다.

---

1) 사합원이란 가운데뜰을 중심으로 사각형 형태로 동서남북 방향에 1개씩 모두 4개의 동(棟)을 단위로 하는 중국의 전통적인 가옥 건축양식을 일컫는다. 베이징의 사합원은 요(遼)나라 시기에 기본적인 구조가 형성되어 발전되기 시작했다.

2) 중난하이로 향하는 5개의 문

(1) 엄격한 출입 통제

중난하이는 당중앙, 국무원의 소재지이자 권력의 상징이다. 중난하이에 들어가는 것은 어렵지만 그 주변을 걷고 관련 서적을 통해 그 안을 살펴보는 것은 가능하다.

중난하이로 향하는 문은 여러 개가 있고 손님이 어느 장소로 가는가에 따라 출입하는 문이 결정된다. 중난하이의 서쪽 부우가(府右街)의 서문(西門)이 당중앙의 입구, 서북문(西北門) 및 북문(北門)이 국무원의 입구이다. 입장할 때는 각 입구의 경비실에서 면회 예약의 확인 및 등록이 필요하며, 기본적으로 방문 기관의 담당자가 마중 나와 안내를 받아야 목적하는 건물로 들어갈 수 있다. 중난하이의 동쪽 남장가(南長街)에는 서화문(西華門)이 있는데, 이곳은 입구 부근에도 접근할 수 없다.

또한 중난하이에서 인민대회당까지 지하로 연결되어 있다는 정보가 있는데, 그 지하도를 사용할 수 있는 사람은 정치국 상무위원뿐이라는 말이 전해진다. 지하도에 대한 소문의 진위(眞僞)야 어쨌든, 중난하이로의 출입은 엄격하게 점검을 받아야 하는데 마오쩌둥조차 입장증(立場證)을 휴대했다고 한다. 또한 국무원구와 당중앙구 간의 왕래도 엄격하게 통제되며 경계(境界) 지역에서 위병(무장경찰)이 확인을 한다.

(2) 신화문

신화문(新華門)은 청나라 시기 건륭제가 향비[香妃, 신장(新疆) 출신, 1788년 55세로 사망]를 위해 건축했고 당시에는 '보월루(寶月樓)'라 명명되었다. 1912년 위안스카이가 임시 대총통에 취임하고 '신화문'으로 개칭했다. 현재는 중난하이의 상징인데 장안가(長安街)에 면해 있으며, 문 앞을 걷는 것은 가능하지만 사복경찰이 끊임없이 감시하고 있어 일정 선을 넘는 것은 불가능하다. 또한 문의 양측에는 부동자세의 병사가 서 있다. 누각의 오른쪽 벽에는 '마오쩌둥 사상 만세(毛澤東思想萬歲)', 좌측에는 '중국공산당 만세(中國共産黨萬歲)'라고 적힌 표어가 게시되어 있다. 과거에는 중난하이에 거주했던 마오쩌둥이 이 문을 이용했던 것 외에 현재는 국빈(國賓)이 중난하이를 방문할 때 이용되고 있다.

유수음(流水音)은 난하이 동부에 있는 정자인데 문자 그대로 음악 연주가 물 흐르듯 울려 퍼지고 있다. 이 정자의 이름은 옛사람들이 지었다. 유수음은 남장가 81호 문에서 가까운 장소에 있는데 이 문은 평소에는 굳게 닫혀 있다. 유수음을 마주 보는 건물이 일지각(日知閣)인데 중국의 고대 건축양식을 기조로 하면서 서양식 건축양식도 가미되어 어우러져 있다. 유수음에서 서쪽으로 가면 근정전(뒤에서 언급함)이 나온다.

(3) 서문

서문(西門)은 당중앙의 출입구이다. 장안가 신화문을 지나 오른쪽으로 들어가면 버스 통행로(14번 버스)에 해당하는 부우가다. 부우가를 따라 한동안 걸어가면 우측에 신화문과 비슷한 모습의 서문이 나타난다. 문의 양측에는 신화문과 마찬가지로 '중국공산당 만세'라는 표어가 있었던 것으로 여겨지지만(오래된 자료에는 있다), 지금은 찾아볼 수 없다. 경계가 삼엄하고 병사뿐만 아니라 사복경찰 2명이 서 있다. 문의 정면에는 표어가 적힌 간판이 있다. 여기는 회인당과 202호관(202 樓)에 있는 당중앙으로 가는 입구로 여겨진다.

(4) 서북문

서문과 부우가를 지나 좀 더 북쪽으로 향하면 서북문(西北門)이 나타난다. 서북문은 서문에 비해 경계가 느슨하고 무장경찰만 서 있다. 그렇지만 문 앞에는 순찰차가 경계 근무를 수행하고 있다. 문 가운데를 살펴보면 주차장이 보인다. 문 양측에는 사무동이 있는데, 이곳은 국무원의 입구이다. 맞은편에는 부우가 파출소가 있고 그곳에서 남쪽으로 내려간 곳에 '역학 골목(力學胡同)'이 있는데, 그 앞에 호텔 부우가 빈관(府右街賓館)이 있다.

서북문에서 직선으로 동쪽으로 향하는 곳에 국무원구의 상징이라고 말할 수 있는 자광각(紫光閣)이 있다. 서북문 맞은편 주소가 부우가 99호인데 간판에는 '허난성 신양시 초대소(河南省信陽市招待所)'라고 되어 있다. 일본의 관점에서 말하자면 황거(皇居) 가까이에 있는 일등지(一等地)의 지방정부 사무소에 해당하는 격인데, 그럼에도 다소 조잡한 형태의 건물이다. 신양시는 허난성에 위치한 인구 780만 명 규모의 지급시(地級市)인데, 1958년부터 마오쩌둥의 대약진 정책으로 100만 명 이상의 대기근이 일어난 '신양 사건'이 발생했던 곳이다. 그렇지만 왜 여기에 이 초대소가 있는지는 알기 어렵다.

(5) 북문

부우가 끝에 있는 길이 문진가(文津街)이다. 문진가 교차점을 오른쪽으로 돌아서 벽을 따라 '베이하이 공원(北海公園)' 방향으로 걸어가면 우측에 북문(北門)이 있다. 여기도 국무원의 출입구이다. 이 문진가에 인접한 중난하이의 벽은 주색(朱色)이 아니라 회색이다. 북문도 서북문과 거의 동일한 수준의 경계가 이루어지고 있는데, 서문(당중앙 방면)에 비해 차량의 출입도 많다. 북문 부근은 국무원과 관련한 건물이 많다. 북문 맞은편에는 국가 도서관 분관(分館)이 있고 그 부근에는 고급 간부용 오락 시설인 '중난하이 클럽(中南海俱樂部)'이나 고급 간부의 지정 병원인 305의원(三〇五醫院) 등이 있다.

⑹ 서화문

중난하이의 동쪽 북장가(北長街)와 남장가(南長街)의 경계에 서화문대가(西華門大街)가 있고 고궁의 서화문과 연결된다. 이곳은 중난하이로 향하는 입구 중 하나이며, 원나라 시대 서원의 동문(東門)으로 여겨진다. 필자는 2011년 11월 베이징을 시찰할 기회가 있었는데, 이 부근을 거닐며 서화문대가 서쪽으로 접근해보니 좌측에 위병이 서 있었다. 당시 그곳에서 좀 더 가려고 하니 위병이 주의를 주었다.

서화문대가 가까이에 택원주가(澤園酒家)라는 식당이 있

다. 중난하이의 주인이었던 마오쩌둥의 옛 주거지 '풍택원'에서 이름을 딴 레스토랑으로 보인다. 그렇지만 '레스토랑'이라기보다는 '식당'이라고 말하는 것이 정확하다. 마오쩌둥의 고향인 후난성(湖南省) 사오산(韶山)에는 '마오(毛)'라는 이름을 딴 식당이 많은데, 이 식당 역시 그러한 부류로 보인다. 서북문 부근에 있는 '신양시 초대소'라든지, '택원주가'라든지 권력의 중추인 중난하이 부근에 서민들이 출입하는 장소가 있다는 것은 매우 중국적인 현상이라고 할 수 있다. 그런데 '풍택원' 그 자체를 명칭으로 했던 레스토랑이 베이징 중심부의 전문(前門, 톈안먼 광장의 남측)에 있다. 이곳은 해삼 요리로 유명한 고급 노포(老舖)다.

2. 중난하이의 주요 건축물

중난하이에 있는 주요 건물은 대다수가 청조 시기에 건축된 것인데, 황제 교체와 시대 변화를 겪으면서 각 건물의 명칭과 용도가 변했다. 예를 들면 다음에 소개할 회인당은 과거에는 서태후의 침소(寢所)로서 의연전(儀鸞殿)이라 불렸는데, 1949년 중화인민공화국의 건국 이후에는 명칭이 바꿰었다. 풍택원의 정전이자 청나라 시기에 건축된 돈서전(惇敘殿)은 서태후 시대에는 이년전(頤年殿), 중화민국 시기 이래로는 이년당(頤年堂)이라고 각각 불렸다.

1949년 건국 이후 당과 정부 본부가 된 시절에는 황제 시대의 '전'이 '당(堂)'으로 명칭이 변경되었다. 이것은 '전'이 황제 시대의 유물이라는 주장에 기초한 것이며, 중화민국 시대부터 중국공산당 정권을 거치면서 황제 시대의 명칭인 '전'이 일반적인 '당'으로 바뀌었던 것으로 보인다(『중난하이 진영(中南海塵影)』). 그렇지만 오늘날에도 시진핑의 사무실을 '근정전'이라고 부르고 있고, 중국 국가주석의 접대 장소를 '함원전'이라고 부른다. 이것은 중국 국가주석이 현대의 '황제'이기 때문일까?

그럼 중난하이 내부 주요 건축물의 역사와 특징을 북쪽 국무원구부터 남쪽 당중앙구까지 순서대로 살펴보겠다.

1) 국무원구

(1) 서화청

서화청(西花廳)은 부우가와 문진가의 교차점 모서리에 위치해 있다. 해방 이전에는 섭정왕부(攝政王府, 청조 시대 황족의 저택)가 있었던 곳으로, 건국 이후에는 국무원(정부) 사무동으로 사용되었다. 그 후 저우언라이(周恩來), 덩잉차오(鄧穎超) 부부의 공저(公邸) 및 회의실이 되었다. 그리고 지금도 이 부부를 추억하는 기념관으로 보존되고 있다. 문화대혁명 시에는 '향양청(向陽廳)'으로 개명되었지만, 그 이후 다시 서화청으로 되돌아갔다.

서화청에 초대된 사람들을 통해 저우언라이 총리의 인품을 살펴볼 수 있는데, 그가 '마지막 황제'였던 푸이(溥儀)를 초대했던 일화다. 저우언라이는 1960년 1월 푸순(撫順)의 전범 수용소에서 석방된 푸이와 그 친족을 서화청에 초대해 연회를 개최했다. 그 자리에는 푸이의 동생인 푸제(溥傑)도 초대되었는데 저우언라이는 '푸제의 부인'인 사가 히로(嵯峨浩)의 중국 귀국을 환영하는 메시지를 전했다.

저우언라이의 조카딸 저우빙더(周秉德) 여사에 따르면, 지금도 저우언라이 부부의 기일 등에는 친족이 서화청에 모여 기념회를 개최하고 있다고 한다. 서화청의 맞은편은 동화청(東花廳)으로, 이곳에는 1980년대 국가주석을 역임한 리셴녠(李先念)의 공관이 있었다.

(2) 자광각

자광각은 명나라 시대의 건축물이고 중난하이에 있는 4
개의 '각' 중 하나이다. 과거 황제가 외국 사절을 접견한 장
소이자 과거(科擧) 시험의 일종인 '전시(殿試, 황제 앞에서 보는
최종 면접시험)'가 실시되는 회장(會場)으로도 사용되었다. 건
국 이후에는 저우언라이의 관저로 사용되었다. 그 이후 국
무원 총리 및 부총리(국무위원 포함)와 외국 요인의 회견 장
소로 사용되고 있다. 현재 중난하이 가운데 외국인이 왕래
할 수 있는 몇 개 되지 않는 건물 중 하나로 국무원구의 상
징적 존재이다. 필자도 이 건물에 들어갔던 적이 있다(제3
절 중난하이 체험 참조).

자광각의 폭은 431m²이며, 2층 구조 건물로 1층에 방 7
개, 2층에 방 5개가 있다. 자광각 뒤에 있는 무성전(武成殿)
의 폭은 152m²이다.

자광각은 북문으로 들어가는 것이 일반적인데, 북서문에
서 진입해 202호관부터 뻗어져 있는 중난하이에 접한 길을
이용하는 경우도 있다고 한다.

또한 자광각에서 회의 시 나오는 차기(茶器) 및 융단(絨緞)
은 황제의 상징색(symbol color)인 황색이고 복무원(종업원)
이 착용하고 있는 제복의 색상도 황색의 중국식 복장이다

자광각

사료: 『중난하이(中南海)』.

[자색(紫色)도 있다].

(3) 수영동

　마오쩌둥이 수영을 좋아했던 것은 잘 알려져 있다. 문화
대혁명이 한창이던 1966년 7월, 그는 우한(武漢)의 창장(長江)
에서 헤엄치며 건재한 모습을 과시했다. 당시 중국에 대해
공부하기 시작한 학생이었던 무렵의 필자는 그 모습을 강
렬한 인상으로 아직까지 생생하게 기억하고 있다.

중난하이에는 옥외와 옥내 2개의 수영장이 인접해 있다. 마오쩌둥의 이발사 겸 비서였던 저우푸밍(周福明)의 딸 위안리(元莉)의 회고록 『마오쩌둥 만년 생활 에피소드(毛澤東晚年生活瑣記)』에 의하면, 마오쩌둥이 거주했던 옥내 수영장 건물 가운데는 침실, 서재 겸 응접실이 있었다.

마오쩌둥은 1966년 8월 중하이 주변에 있는 수영동으로 주거지를 옮겼다. 1972년 2월 리처드 닉슨(Richard Nixon) 미국 대통령과의 회견, 같은 해 9월 중·일 국교 회복을 위한 다나카 가쿠에이(田中角榮) 일본 총리와의 회견도 이곳 수영동 서재에서 이루어졌다.

마오쩌둥이 사망하기 2개월 전인 1976년 7월 28일 미명, 탕산(唐山) 대지진이 발생해 당중앙은 마오쩌둥을 내진 설비가 마련되어 있는 202호관으로 옮겼다. 저우푸밍에 의하면, 마오쩌둥은 매일 복용했던 수면제 때문에 지진이 일어난 것을 느끼지 못했으며, 비서와 의사들이 그를 들것에 옮겨 이송했다고 한다. 그 후 눈을 뜬 마오쩌둥은 "여기는 어디인가, 왜 이동했는가?"라며 수영동으로 돌아갈 것을 요구했다고 한다. 비서들이 이에 답하기 곤란해 하자, 그해 1월 암으로 사망한 저우언라이의 후계자로서 마오쩌둥이 지명한 화궈펑(華國鋒) 총리가 "이는 중앙정치국 상무위원회의 결

정이며, (마오쩌둥) 주석의 안전을 고려한 조치입니다"라고
답했던 것으로 알려져 있다.

(4) 202호관

후진타오는 매년 말 업무 보고를 위해 방중한 도널드 쩡
(Donald Zeng, 曾蔭權) 홍콩 행정장관과의 회견을 202호관에
서 했다. 그의 후임인 시진핑도 통상적으로 외국 요인과의
회견은 인민대회당에서 하지만, 홍콩과 마카오 두 행정장
관의 업무 보고는 202호관에서 받고 있다.

202호관은 지도상에는 마오쩌둥의 주거지였던 수영동과
인접한 장소에 있다. 리즈쑤이(李志綏)가 쓴 『마오쩌둥의 사
생활(毛澤東の私生活)』(중국어판)에 게재된 지도에도 '제202호
루(樓)'(영어로 '202 Building')라고 표기되어 있다. 또한 건물은
수영동과 복도로 연결되어 있는 것으로 알려진다. 또 다른
정보에 의하면, 202호관에는 후진타오의 집무실이 있었는
데, 장쩌민(江澤民) 전임 국가주석이 외국 요인과 회견 시 사
용한 적도 있는 국가주석 전용 사무실이었다. 또한 '202'라
는 숫자의 기원에 대해 프로젝트(공사) 번호라는 설이 있고,
이것과 달리 '201호관'이라는 건물이 있다는 설도 있다. 201
호관은 '4인방 사건'으로 체포된 장칭(江青, 마오쩌둥의 부인으

로 1976년 10월 6일 체포되어 1991년 5월 14일 옥중에서 자살)의 자택이었던 것으로 전해지는데, 정확한 위치는 확정되지 않고 있다. 장칭의 주거지는 과거 마오쩌둥과 같은 풍택원 내부에 있었는데 문화대혁명 이후에는 201호관과 댜오위타이(釣魚台) 국빈관을 사용했다고 한다. 1976년 10월 6일 밤 '4인방' 중 왕훙원(王洪文), 장춘차오(張春橋), 야오원위안(姚文元) 3인은 회인당에서 체포되었고, 장칭은 이 201호관에서 체포되었다는 정보가 있다.

2) 당중앙구

(1) 회인당

회인당은 서문 부근에 있다. 앞에서 언급한 바와 같이 명나라 및 청나라 시대에는 의연전이라 불렸으며 서태후의 침궁(寢宮)이었다.

회인당에서는 1959년 인민대회당이 완성될 때까지 전국정치협상회의 등 주요 회의가 개최되었다. 그 내부에는 크고 작은 10개 이상의 회의실 및 강당 등이 있으며, 1967년 2월 예젠잉(葉劍英), 탄전린(譚震林) 등 고참 간부가 천보다(陳伯達), 장춘차오 등 이른바 문혁파와 격렬하게 대립했던 '2월

1967년 '2월 역류'와 1976년 '4인방' 체포 등의 현장이었던 회인당

역류', 1976년 10월 '4인방' 체포, 1989년 5월 베이징 계엄령 포고 대회 등 수많은 역사의 무대가 된 장소이다. 지금도 정치국 상무위원회 회의, 매월 1회의 정례 정치국 회의를 비롯한 주요 회의가 열린다.

(2) 풍택원

풍택원은 건물들이 늘어서 있는 큰 뜰인데, 이 중에 주거지로 이용되는 사합원과 회의실(당) 등이 있다. 지금의 관

점에서 말하자면 복합 시설이다.

풍택원은 청조 제4대 황제 강희제(康熙帝) 시대(1661~1722년)에 건축되었다. 본래 이곳은 황제의 '연경(演耕, 쌀농사를 지음)' 부지였으며, 황제가 양잠(養蠶)을 하기도 했다. 원내(園內)에는 돈서전(이후 이년당), 징회당(澄懷堂), 마오쩌둥의 옛 주거지인 국향서옥(菊香書屋, 황제의 서재), 순일재(純一齋), 마오쩌둥이 주말 댄스를 즐겼던 춘우재(春耦齋) 등의 건물, 그리고 정곡 등이 있다.

이 가운데 징회당은 서태후 시대에 함화전(含和殿)으로 개칭되었는데 그 이후 함화당(含和堂)이 되었고, 전국인대 상무위원장을 역임한 완리(萬里)의 주거지였던 적도 있다.

풍택원은 중난하이를 상징하는 원(園) 중 하나이고 중앙판공청, 중앙군사위원회 등의 사무소이자 중국 요인들의 거주 지역이 된 장소이다.

풍택원과 그 내부에 있는 마오쩌둥의 옛 주거지는 특별히 초대된 국내 참관자 혹은 특별한 외국 빈객에게만 참관이 허락된 장소 중 하나이다. 이곳에는 다음과 같은 건물이 있다.

풍택원의 제자(題字)는 건륭제가 쓴 것이다. 풍택원은 하나의 거대한 건축군으로서 그 가운데 작은 건물이 산재해

풍택원 이미지

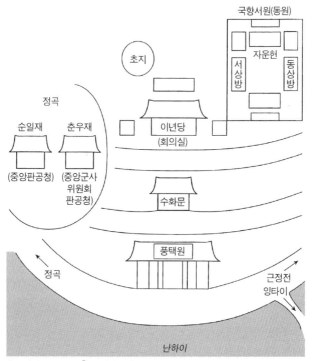

자료: 왕허방(王鶴浜), 『자운헌의 주인(紫雲軒的主人)』 등을 참고해 필자 작성.

있다. 풍택원 내에는 논밭이 있으며, 양잠을 위한 뽕나무가 무성하다. '자운헌(紫雲軒)'은 5개의 방으로 구성되어 있다. 서쪽은 장칭의 침실, 동쪽은 아이들 방, 서상방(西廂房)은 '마오쩌둥 주석 서방(書房)'으로 현재 보존되고 있다. 동상방

(東廂房)도 마오쩌둥의 사무실이었다.

(3) 이년당

이년당은 풍택원의 중심이 되는 건축물이고 청조 시대에는 '숭아전(崇雅殿)', '돈서전', '이년전'으로 불렸는데, 1911년에 개칭되어 현재까지 '이년당'으로 불리고 있다. 이곳은 건국 이래 1966년 8월까지 마오쩌둥 등 중국의 지도부가 중요한 회의장으로 사용했던 장소이다. 1949년 9월 중국인민정치협상회의(전국정협) 제1차 회의가 열렸던 장소도 이곳이었다. 중난하이의 역사적 건축물에는 정면 입구 좌우에 편액이 게재되어 있는데, 이년당 좌우에는 서태후가 쓴 '운산화(雲山畵)'와 '연화도(烟畵圖)'라는 편액이 걸려 있다.

또한 이년당은 외국 정상을 초대하는 회의 장소이기도 했다. 1956년 당시에는 아직 인민대회당이 완성되지 않았던 것이다. 그 당시 특필할 만한 회담은 1959년 9월 마오쩌둥과 니키타 흐루쇼프(Nikita Khrushchyov) 간의 회담이다. 이 정상회담에서 두 나라 간 의견 대립이 심화되었고, 그 이후 격렬한 중·소 대립이 시작되었다.

(4) 국향서옥

국향서옥은 풍택원 안에 있고 베이징의 전통적인 건축양
식인 사합원으로 구성되어 있으며, 동서남북 각각에 가옥
(家屋, 방)이 있다. 북쪽 방 5개 중 '정방'이 침실 및 서재가 된
다. 그 입구에 '자운헌'이라 적힌 편액이 있었기 때문에 이곳
을 주거지로 삼았던 마오쩌둥을 '자운헌의 주인'이라 불렀
다. 왕허방의 책 『자운헌의 주인』에 따르면, 자운헌이라는
명칭은 이백(李白)의 시(詩)에서 유래했다고 한다. 마오쩌둥
의 주 침실이 북쪽에 있었기 때문에 가을과 겨울에는 햇볕
이 들지 않아 조명이 필요했는데, 마오쩌둥은 어두운 데서
도 국향서옥에서의 독서를 게을리하지 않았다고 한다.

국향서옥은 원래 황제의 도서관이었다. 1949년 9월 21
일 마오쩌둥은 국향서옥으로 이주해 1965년 8월까지 거주
했는데 현재도 마오쩌둥의 옛 주거지로서 보존되고 있다.

마오쩌둥은 1949년 이전에는 베이징 서쪽 교외에 있는
향산(香山)에 거주했는데, 당 본부의 이동에 따라 중난하이
입성을 요구받았다. 그렇지만 그는 중난하이가 황제의 어
원이었던 점에 저항하며, "나는 이동하지 않는다. 나는 황
제가 되지 않는다"라고 말하면서 처음에는 입거를 거부했
다. 그렇지만 저우언라이와 예젠잉 등의 설득을 이기지 못

해, 결국 입거를 받아들였다는 일화가 있다. 또한 국향서옥 주변에는 류사오치(劉少奇), 주더(朱德) 등 중국 요인들의 주거지도 있었다.

국향서옥에서 마오쩌둥의 부인이었던 장칭은 동쪽 방, 딸들[리나(李訥), 리민(李敏)]은 서쪽 방에 각각 배정되었다. 다만 당시 간부의 자제는 보통 학교 숙소에서 생활하고 주말에만 중난하이에서 보내는 것이 일반적이었다.

국향서옥 및 자운헌은 청조 시대의 건물로 심하게 노후되었는데, 마오쩌둥이 외출할 때도 주차장까지의 이동이 불편한 구조였다. 그 때문에 관리 책임이 있는 중앙판공청[당시 주임: 양상쿤(楊尙昆)]과 측근은 수차례나 수리 및 개축 제안을 했다. 그렇지만 마오쩌둥은 이러한 제안에 항상 반대했고, 1966년 8월 '수영동'으로 이주할 때까지 이를 승인하지 않았다고 한다.

(5) 해안당(거인당)

해안당(海晏堂)은 서양식 건물군으로 중화민국 시기 이후 거인당(居仁堂)이라고도 불렸다. 서태후의 지시로 1904년(광서 30년) 10월에 착공되어 3년 만에 완성되었다. 몇 개의 독립된 건물이 연이어져 있고, 건국 이후에는 중국공산당 요인의 자택이자 또한 중앙군사위원회의 사무실로 사용되었다. 해리슨 솔즈베리(Harrison E. Salisbury)의『새로운 황제들: 마오쩌둥과 덩샤오핑의 중국(The New Emperors: China in the Era of Mao and Deng)』에 따르면, 건물은 5층 구조이고 1950 ~1960년대에 걸쳐 주요 당과 거주자는 다음과 같다.

복록거(福祿居): 류사오치(전임 국가주석)

함합당(含合堂): 주더(전임 전국인대 위원장)

경운당(慶雲堂): 리푸춘(李富春, 전임 부총리)

영복당(永福堂): 펑더화이(彭德懷, 전임 국방부장)

래복당(來福堂): 후차오무(胡喬木, 전임 서기)

증복당(增福堂): 루딩이(陸定一, 전임 부총리)

(6) 근정전

근정전은 1700년대 강희제 시대에 건축된 것으로 황제가 정무(政務)를 돌보는 장소였다. 중화민국 초기에는 '베이양(北洋) 군벌' 위안스카이가 총통부로 삼고 그의 집무실을 설치했다. 1949년 10월 중화인민공화국의 성립 이후 제1차 중앙정부 회의가 여기에서 개최되었다. 또한 당 중앙서기처의 집무실이 되었으며, 시진핑의 부친인 시중쉰(習仲勳)도 이곳을 사용했다고 한다. 현재도 크고 작은 30개 이상의 방이 있으며, 총서기 판공실(辦公室, 사무실), 중앙서기처 사무실 및 시진핑 당 총서기·국가주석의 집무실이라고 전해지고 있다. 이것이 사실이라면 근정전은 시중쉰과 시진핑 부자(父子) 2대가 모두 근무한 집무실이 된다.

(7) 잉타이

신화문의 바로 북쪽에 있는 작은 섬이 바로 잉타이이다. 잉타이는 명나라 시기에 '난타이(南台)'로 일컬어졌으며, 청조 시대에 이르러서 잉타이로 개명되었다.

중난하이 정문인 신화문의 바로 북쪽에 해당하는 경치가 수려한 작은 섬은 청조 시대 외국 사절의 연회 장소 혹은 황제가 가무음곡(歌舞音曲)을 즐기는 장소였으며, 과거 시험도 여기에서 실시되었다. 옛날 관련 자료에 따르면, 중추절에 이곳에서 황제가 월병을 먹으면서 달을 보았다고 한다.

머리말에서 소개한 바와 같이, 1899년 6월 11일 광서제가 캉유웨이 등의 의견에 기초해 '무술변법'이라는 정치 개혁을 시도했지만, 9월 21일 서태후의 쿠데타(무술정변)로 광서제는 잉타이에 유폐되고 무술변법은 실패했다. 서태후는 근정전과 잉타이를 잇는 백교를 감시했다. 결국 광서제는

1908년 사망할 때까지 10년 동안 잉타이를 나가지 못하고 정전인 함원전에서 지내야 했다.

잉타이 가운데에 있는 향의전과 봉래각은 건축상으로는 '전각일체(殿閣一體)' 구조의 건물인데, 북쪽에 향의전, 남쪽에 봉래각이 있다. 지금도 외국 요인을 위한 접객용 연회장으로 사용되고 있다.

앞에서 언급한 바와 같이 마오쩌둥이 건재했던 시절에 외국 정상과 회견했던 곳은 풍택원 내부의 국향서옥과 국무원구에 가까운 수영동이었다. 마오쩌둥이 잉타이를 사용했다는 기록은 1949년 건국 시기에 중국인민정치협상회의 구성원을 초대해 연회를 행했던 것 외에는 보이지 않는다. 마오쩌둥은 "나는 황제가 아니다"라며 중난하이에 들어가기를 꺼렸지만, 역설적으로 그는 가장 오랫동안 중난하이에 거주했다. 그럼에도 마오쩌둥은 황제의 휴식처인 잉타이를 이용하는 것을 의식적으로 기피했을지도 모른다. 마오쩌둥 이후 당 총서기·국가주석과 잉타이의 관계는 다음 절에서 다루겠다.

3. 중난하이 체험

(1) 리펑 총리와의 회견

1994년 9월 필자는 미쓰비시(三菱) 그룹 방중단[단장: 모로하시 신로쿠(諸橋晋六) 미쓰비시상사 회장]의 일원으로 리펑(李鵬) 총리, 리톄잉(李鐵映) 국가경제체제개혁위원회 주임과의 회견을 위해 국무원구에 위치한 자광각에 두 차례 들어갔던 적이 있다.

리펑과의 회견은 앞서 일본 자민당 대표단과의 회견이 지체되었기 때문에 예정보다 늦어져, 필자 일행은 회견 장소와 인접한 소례당(小禮堂, 700명 정도 수용할 수 있는 간부 전용 영화관으로 당시 안내판에는 홍콩 영화가 상영될 예정이라고 적혀 있었음)에서 대기하게 되었다. 필자는 바깥으로 나가 중하이를 서성거렸는데, 경비원이 주의를 주었기 때문에 맥없이 대기실로 돌아왔다. 그래서 이번에는 대기실 복무원에게 요인의 거주 상태를 수소문하자, 처음에는 "없습니다"라고 대답했고 곧 "알지 못합니다"라고 정정했다. 마오쩌둥을 위시해 과거 중국 요인들의 주거지는 밝혀져 있지만, 현재에도 거주하고 있는지의 유무를 확인할 수 있는 방도가 없었다.

리펑과의 회견 중에 응접 테이블, 차기, 메모용 종이, 연

필 등을 관찰했는데 '중난하이'라고 표기된 것은 없었다. 그래서 중난하이와 자광각에 들어갔다는 증거나 기념을 위해 아무것도 갖고 돌아오지 못해 개인적으로 다소 아쉬웠다.

(2) '황제의 관저' 잉타이에 초청된 사람들

청나라가 붕괴된 지 100년이 지난 오늘날 역대 국가주석은 황제의 역사를 부정하면서도 그 권위를 이용했다. '황색'은 황제만 사용할 수 있는 색이다. 중난하이와 댜오위타이 국빈관에서 사용하는 식기는 '황색'이고 연회 서비스 담당자의 제복도 '황색'이다. 함원전에서 열린 미·중 회담의 테이블에는 '황색' 차기와 그릇이 놓여 있었는데, 과거 중국 황제의 관저는 현대의 '황제'인 국가주석만이 사용할 수 있는 장소가 되고 있다.

마오쩌둥 이후 역대 국가주석과 총서기도 세계의 중요한 리더와의 회견이나 연회의 장소로 잉타이를 이용하고 있다. 1980년 6월 당시 총서기였던 후야오방(胡耀邦)은 베이징 주재 유고슬라비아 기자와의 회견을 잉타이에서 했다(회견 모습은 앞에서 언급한 사진집 『중난하이』에 수록되어 있음). 또한 1984년 3월 일본 나카소네 야스히로(中曾根康弘) 일본 총리를 잉타이에서 개최된 연회에 초대했다. 다음에 말하겠지만 중난하이에 해외 친구를 가장 많이 초대했던 사람은 후야오방이었다. 이것은 이후 그가 실각되는 중요한 원인 가운데 하나가 되기도 했다.

1989년 톈안먼 사건 이후 총서기·국가주석에 취임한 장쩌민은 2002년 총서기에서 퇴임했으며, 2003년 국가주석도 임기 만료로 사임했다. 현역 시절에는 회견 장소로 인민대회당을 이용했지만, 연회 장소로는 잉타이를 많이 이용했던 듯하다. 1995년 9월 장쩌민은 휴렛팩커드(HP: Hewlett-Packard)의 창립자 데이비드 패커드(David Packard) 일가를 초청했다. HP는 1983년 장쩌민이 전자공업부 부장 시절 중국 진출을 결정한 선구자였고 그 후 장쩌민과는 돈독한 관계를 유지했다. HP와의 회견과 연회는 이번 오바마의 경우와 마찬가지로 함원전과 향의전(봉래각)에서 이루어졌다.

(3) '세계 3대 테너'도 초대해

역대 총서기·국가주석 가운데 가장 많이 그리고 폭넓은 분야의 저명인사들을 잉타이로 초대한 사람은 장쩌민이었다. 그는 음악을 좋아해서 자신도 직접 노래를 불렀다. 그래서 2001년 6월에는 '세계 3대 테너'라고 불리는 호세 카레라스(Jose Carreras), 플라시도 도밍고(Placido Domingo), 루치아

노 파바로티(Luciano Pavarotti)를 함원전에 초대해 연회와 음악회를 열었다.

장쩌민은 2003년 국가주석의 지위를 후진타오에게 물려주었지만, 중앙군사위원회 주석 자리는 유지했다. 그 직책으로 2004년 7월 콘돌리자 라이스(Condoleezza Rice) 당시 미국 대통령 보좌관(안보 담당, 후에 국무장관에 취임)을 잉타이로 초대해 회담을 했다. 장쩌민은 같은 해 9월 최후의 공직이었던 중앙군사위원회 주석 지위를 후진타오에게 물려주고 '완전 은퇴'했는데, 그 이후에도 다양한 모습으로 건재함을 과시하고 있다. 2008년 8월에는 블라디미르 푸틴(Vladimir Putin) 러시아 대통령을, 2010년 9월에는 후쿠다 야스오(福田康夫) 전임 일본 총리를 잉타이에서 개최된 연회에 초대했다. 장쩌민은 은퇴 후에도 중난하이를 많이 이용하고 있다. 각종 정보에 따르면 그는 지금도 잉타이에 주거지를 갖고 있는 것으로 전해지는데, 이를 통해 중국 국가주석이 '현대의 황제'라는 것을 과시하고 있는지도 모른다.

장쩌민의 후계자가 된 후진타오는 보통 대부분의 경우에 인민대회당을 회견 장소로 이용했다. 연회 장소도 댜오위타이 국빈관을 이용했으며, 중난하이 및 잉타이를 이용하는 경우는 매우 적었다. 다만 앞에서 언급한 바와 같이, 매년 말 업무 보고를 위해 방중하는 홍콩 및 마카오 행정장관과의 회견에는 202호관(국가주석 전용 회의실)을 사용했으며, 이러한 관습은 현재 시진핑도 답습하고 있다.

후진타오가 잉타이에 해외 요인을 초대한 사례가 있다. 2005년 4월 롄잔(連戰) 타이완 국민당(國民黨) 주석 부부 및 주요 수행원을 초대했다. 당시 타이완은 민진당이 정권을 잡고 있었고 국민당은 집권 여당이 아니었다. 그렇지만 잉타이에서 국민당 주석과 회담하고 연회를 개최했던 것은 오늘날 양안(兩岸) 관계의 발전에 획기적인 계기가 되었다. 또한 후진타오는 같은 해 5월 쑹추위(宋楚瑜) 타이완 친민당(親民黨) 주석도 잉타이에 초대했다. 나아가 2008년 베이징올림픽 참관을 위해 방중한 조지 부시(George W. Bush) 미국 대통령 일가와 푸틴을 잉타이에서 개최된 연회에 초대하는 등 재임 중 4명의 해외 지도자를 초대했다.

(4) 국가주석에게 초대받은 '작은 사절'

잉타이에 초대받았던 사람들은 외국 정상들만이 아니다. 국가주석이 초대한 국내외의 '작은 사절'도 역사적인 무대를 참관했다.

2008년 5월 쓰촨성(四川省)을 중심으로 한 지역에서 대지진이 발생해 6만 명 이상의 사망자가 발생했다(참고로 2011년 3월에 일어난 동일본 대지진에서는 1만 5000명 이상의 사망자가 발생했음). 이 대지진에서 생존한 아이들 중 러시아에서 치료받은 아이들이 후진타오 국가주석의 초대로 버스 2대에 나누어 탑승해 2008년 7월 16일 중난하이를 방문했다. 후진타오는 당일 오전 10시 30분 주석 집무실이 있는 근정전에서 시진핑과 오바마가 함께 걸었던 잉타이 방향의 백교를 도보로 걸어나와, 아이들이 기다리는 잉타이 남쪽에 위치해 있는 영훈정으로 향했다. 후진타오는 거기에서 어느 소녀와 재회했는데, 소녀가 "주석님, 저를 알아보시겠습니까?"라고 질문하자 후진타오 주석은 "물론 대지진 직후 방문했던 피난소에서 빗방울을 맞으며 공부했던 분이시죠"라고 대답하며 재회를 기뻐했다. 아이들은 후진타오와 기념 촬영을 한 이후, 풍택원에 있는 마오쩌둥 옛 주거지 등을 견학하고 커다란 흥분 속에서 중난하이 참관을 마쳤다.

3년 후인 2011년 7월 15일 후진타오 주석은 미국 시카고에 있는 월터 페이튼 컬리지 프렙 고등학교(Walter Payton College Preparatory High School) 일행을 잉타이로 초대했다. 이 학교는 같은 해 1월 후진타오가 처음으로 미국을 공식 방문했을 때 들린 고등학교로, 공자학원(孔子學院, 중국 정부가 설립한 중국어 및 문화 교육기관)을 병설해 중국어 교육에 열심이었다. 그 학교 교사 및 학생 일행을 이번에는 주석이 직접 안내하는 이례적인 대우를 했고 그 모습은 중국의 관영 매체 CCTV에서 방영되었다.

중난하이는 1972년 닉슨 방중 이래 미·중 관계의 발전을 지켜보았던 장소이다. 미·중 관계는 1971년 4월 일본 나고야에서의 핑퐁 외교가 커다란 계기가 되었는데, 후진타오가 중난하이에 초대한 미국 고등학생들이 태어나기 전의 일이다. 하지만 이들은 '90후(90後, 1990년대 출생)'로 중국어를 배우는 고등학생으로서, 미래 미·중 관계의 담당자가 될지도 모른다. 후진타오는 일행에게 기념으로 시중에서는 판매되지 않는 두꺼운 사진 화집(畵集)인 『중난하이』를 선물했다. 이 책은 특별한 것으로 보이는데, 언젠가 기회가 되어 개인적으로 볼 수 있었으면 하는 생각이 든다[1981년 신화출판사(新華出版社)가 발행한 사진집 『중난하이』는 공개 출판물임].

장쩌민, 후진타오 등 역대 중국 국가주석이 중난하이로 초대한 국내외 빈객은 국가주석들의 개성을 보여주는 것으로 여겨진다. 장쩌민은 주로 외국 빈객을 중시하며 자신이 '현대의 황제'라는 것을 과시했다. 장쩌민에 비해 겸손한 모습의 후진타오는 오히려 국내외의 작은 사절을 중시하며 친근한 '현대의 황제'로서의 모습을 연출했다.

장쩌민, 후진타오를 계승한 시진핑이 2015년 상반기까지 과거 2년간 중난하이에 초대한 빈객은 2014년 11월 오바마 뿐이다.[2] 하지만 '대중 노선'을 강조하는 시진핑은 중난하이의 영상 공개 등은 그 어느 역대 중국 국가주석보다 자주 실시하고 있다. 따라서 인적(人跡)의 왕래는 아직 적지만 향후 중국의 행보에 주목하고자 한다.

4. 중난하이 주변의 주요 건축물

1) 인민대회당

(1) 중국의 국회의사당

톈안먼 광장의 서남쪽에 있는 인민대회당은 1958년 중화인민공화국 설립 10주년을 기념해 건축된 10대 중요 건축물 중 하나이다(1959년 완성). 10주년 기념 건축물은 이외에

---

2) 앞에서도 언급한 바와 같이 시진핑은 2015년 6월 24일 벨기에 국왕 부부를 중난하이 내부의 잉타이로 초대했다.

인민대회당

자료: 필자 촬영(2007년 3월).

인민대회당의 랴오닝청

자료: 필자 촬영(2007년 4월).

도 댜오위타이 국빈관, 군사박물관, 역사박물관, 베이징역, 공인체육관(工人體育館), 전국농업전람관(全國農業展覽舘), 민족문화궁(民族文化宮), 민족반점(民族飯店), 화교빌딩이 있다.

인민대회당은 중국의 국회의사당이고 남북 길이 336m, 동서 길이 206m, 연면적 17만 1800m²라고 한다. 회의장, 연회장 외 중국 31개 모든 성 이름의 방[청(廳)]이 있는데, 광둥청(廣東廳), 티베트청(西藏廳), 타이완청(臺灣廳), 홍콩청(香港廳)도 있다. 홍콩청은 1997년 홍콩이 반환된 후에 새롭게 설치되었다.

인민대회당은 국빈의 환영 식전과 국가지도자가 외국 요인과 회견할 때 사용된다. 회견 장소[지방청(地方廳)]는 지도자가 거의 결정하는데, 후진타오는 티베트청을 주로 사용했고 시진핑은 신장청(新疆廳)을 많이 사용하고 있다. 마오쩌둥은 베이징청(北京廳)을 회견실 및 사무소로 사용했고 숙박도 했다. 덩샤오핑(鄧小平)은 푸젠청(福建廳)을 자주 사용했다고 한다. 어떤 방을 사용할지에 대한 것은 회견에 참석하는 사람 수에 따라 정해지지만 정치적 의미도 내포되어 있다.

문화대혁명으로 궁지에 내몰렸던 류사오치가 최후에 마오쩌둥과 회견했던 곳은 1967년 1월 13일 인민대회당 베이징청이었다. 심야의 호출이었는데 부인 왕광메이(王光美)와 장남 류위안(劉源, 2015년 4월 기준 중국인민해방군 총후근부 정치위원, 상장) 등 가족은 마오쩌둥이 홍위병의 류사오치에 대한 추급(追及) 해제를 지시하는 낭보를 학수고대했지만, 류사오치는 그 후 허난성(河南省) 정저우(鄭州)로 보내져 비극적인 최후를 맞이했다. 그것이 마오쩌둥의 뜻이었는지 여부는 문화대혁명의 수수께끼 중 하나이다.

인민대회당은 전국인대 개최 중일 때를 제외하고는 일반 시민들에게 개방되는데, 일반 참관 코스로는 당대회와 전국인대가 개최되는 '만인대례당(萬人大禮堂)', 대연회장 및 일부 지방청을 볼 수 있다. 참관료는 30위안(元)이고 관내에는 사진실이 있어 기념사진을 찍을 수 있다.

인민대회당은 건국 이래 수많은 역사를 새겨왔던 건물이다. 1970년대 문화대혁명 시기 마오쩌둥은 외국 요인과 회견할 때에 인민대회당을 사용했고 자신의 방(푸젠청)도 갖고 있었다고 한다.

(2) 회의장 구별 방법

중국에서는 수많은 회의 및 회견이 이루어지며, 이는 TV 등에도 보도되는데 장소를 특정하지 않는 경우도 있다(단순히 '베이징에서 개최'라고 말함). 회의 및 회견 장소는 인민대회

당, 중난하이(주로 회인당과 자광각), 징시빈관(京西賓館), 댜오
위타이 국빈관, 중앙당교(中央黨校) 등이다.

회의장을 구별하는 방법으로 필자가 주목하는 것은 배
경 그림 혹은 풍경, 책상 배치, 복무원의 제복 색상 등이다.
예를 들면, 당중앙의 정치국 회의는 매회 중난하이 서문에
가까운 회인당에서 열리는데 배경 그림은 수묵화이고 책상
은 원탁으로 배치된다. 또한 국무원 TV회의 등을 하는 대
회의실의 배경 그림은 만리장성이다. 상무회의가 열리는
제1회의실의 배경 그림은 수묵화이다. 또한 복무원이 착용
하는 제복 색상의 경우에는 인민대회당은 자색, 중난하이
자광각은 황색, 징시빈관은 분홍색이다. 덧붙여 말하자면,
총리 및 부총리가 외국 요인 회견 시에 사용하는 자광각에
서 나오는 음료는 황제를 상징하는 색깔인 황색이고, 댜오
위타이 국빈관의 그릇 색깔도 황색이 많다. 이와 같이 회의
실 집기, 배경 그림, 복무원의 복장 등을 통해 영상에 비치
는 회의 장소를 구별할 수 있다.

(3) 구무 부총리와의 회견

1981년 7월 중국 대외무역부 국제무역연구소(현 상무부 국
제무역경제합작연구원)가 초빙해 일본 미쓰비시 종합연구소

방중단(사장 다카오 야스시(高雄靖)와 필자를 포함해 4명)의 일원으로 당시의 구무(谷牧) 부총리(대외경제 담당)와 인민대회당에서 회견했다. 회견 장소가 어떤 청이었는지 기억나지 않지만, 남문에서 들어오도록 지시를 받았던 것으로 기억한다. 숙박 호텔이었던 댜오위타이 국빈관에서 당시에는 최고의 차량이었던 중국제 '홍치(紅旗)'에 탑승했는데 운전수는 인민대회당까지의 거리, 회견 시간을 측정하는 듯이 느린 속도로 장안가를 행진했다. 당시에는 통행 차량이 거의 없었는데 현재는 가능하지 않은 일이다. 회견 시간인 2시 정각에 남문 입구에서 중국 측과 만나 악수한다는 타이밍이었다.

방중 전에 초청 기관인 대외무역부 국제무역연구소에서 방중 시에 회견 희망자에 대한 요청을 받았을 때 '대외경제 담당 부총리'라고 했다. 당시 중·일관계는 중국이 바오산(寶山) 플랜트를 취소한 사건이 발생한 직후였으므로 중국이 미쓰비시 종합연구소와의 회견을 통해 일본에 어떤 메시지를 전하고 싶었을지도 모르겠다. 그 정도로 구무와의 회견은 이슈거리였다. 구무에게서 취소에 이르게 된 국내 사정에 대한 설명이 있었던 것으로 여겨진다. 그런데 지금도 선명하게 기억나는 것은 넓은 회견실의 에어컨 소리가 성가시자, 당시 구무가 에어컨을 예로 들면서 "중국의 기술은 아직 이 정도입니다. 귀국의 기술 협력이 필요합니다"라고 했던 것이다.

또한 이것 역시 일정을 미리 정한 것이기는 했지만, 베이징 도착 이후 부총리와의 회견이 잡혀 있다는 것을 사전에 알게 된 시점에서 오랜 친구인 베이징 특파원과 회견 직후 기자회견을 했다. 장소는 댜오위타이 국빈관이었고 다카오 야스시 사장이 회견 내용을 전하고 질의응답을 했다. 작은 기사였지만, 이튿날 신문들이 관련 내용을 다루어주었다.

2009년 11월 홍콩 서점에서 『구무 회억록(谷牧回憶錄)』을 발견해 집으로 갖고 돌아왔는데, 바로 그날 그의 사망 소식을 접했다. 어떤 인연이 있었는지도 모른다. 구무는 중·일 경제협력에 대한 공헌을 평가받아 2009년 가을 훈장을 받았다. 그가 사망하기 전에 중국 주재 일본 대사의 관저에서 열린 수상식에 참석하지 않았기 때문에 고령 때문인가 하고 생각했을 무렵 전해들은 그의 부고였다.

2) 징시빈관

(1) 군사 숙박시설

징시빈관은 베이징 중심부의 서쪽에 있는 군용(軍用) 숙

중국인민해방군의 호텔 '징시빈관'

자료: 필자 촬영(2012년 12월).

박시설로서 중국인민해방군 총후근부 소속의 호텔이고 각
종 회의와 지방 지도자의 숙박 장소이다. 매년 말 중앙경제
공작회의와 연 1회 개최되는 중국공산당 중앙위원회 전체
회의(총회) 등도 이곳에서 열린다. 중난하이, 인민대회당 다
음으로 중요한 회의가 개최되는 장소이기도 하다.

이 시설은 호텔로서는 일반에게 개방되지 않지만 국무원
발전연구센터가 주최한 세미나 참석을 위해 세 차례 숙박했
던 적이 있다. 호텔에는 간판징시빈관의 별명은 '8·1빈관(八·一賓

館)'으로 8월 1일은 중국인민해방군 건군일)이 없고, 입구는 경비
원이 지키고 있으며 택시 탑승이 불가능하다. 입구에서 호
텔 동(棟)까지는 걸어서 갈 수밖에 없다. 회의 출석자(간부)는
자동차를 탑승하고 들어올 수 있다. 그런데 '징시(京西)'라는
번호판을 부착한 공용차는 이전까지는 압도적으로 독일제
폭스바겐이 많았지만, 최근에는 '홍치'가 증가하고 있다.

(2) 11기 3중전회

시설은 3개 동[동루(東樓), 서루(西樓), 회의루(會議樓)]으로 나누
어져 있고 회의루는 '미니 인민대회당'으로 불리는 곳이다.

1978년 12월 18~22일까지 중국공산당 제11기 중앙위원
회 제3차 회의(11기 3중전회)가 징시빈관 제1회의실에서 열
렸다. 이 3중전회에서 '개혁·개방 노선'이 제시되었는데, 제
1회의실에는 그 역사적 결정을 이곳에서 했다는 안내판이
전시되어 있다.

징시빈관에는 이밖에 1300명을 수용할 수 있는 예당(禮堂,
홀) 등 크고 작은 회의실 60개가 있다. 각종 입구에는 경비
원이 24시간 서 있고 경비는 삼엄하며, 입관증(入館證)이 없
으면 들어갈 수 없다. 또한 복무원의 제복은 핑크색이 기조
이지만 주임급(級)은 감색(紺色)이다. 징시빈관의 각 건물은

가운데에서 연결되어 있고 동루에서 서루 쪽으로 향해 있는 회랑에는 상점과 레스토랑이 있다. 회의루에는 이발소, 고급담배가게, 양복점 등이 있다. 그런데 이발소의 사용료는 20위안(샴푸 및 면도 포함, 댜오위타이 국빈관은 100위안)이며, 후베이성(湖北省)의 고급담배 '황학루(黃鶴樓)'는 1갑에 60위안(900엔)이다.

(3) 숙박 설비

방은 화려하진 않지만 말끔하게 정리되어 있다. 서루(462개 실)와 동루(549개 실) 객실의 형태는 동일하다. 트윈 베드, 소파 2개, 전통식 물병과 차, 책상에는 일력(日曆), 필통, 각종 신문이 놓여 있다. 군용 호텔 때문인지는 몰라도 전화선 플러그 꽂이가 많다. 미니 냉장고가 있는데 안에는 아무것도 없다. 욕실에는 욕조가 있지만 샤워만 가능하다. 화장실 기구의 브랜드는 토토(TOTO)이고, 편의시설이 분명히 갖추어져 있지만 면도기는 없다. 중앙위원회 총회, 중앙공작회의 등이 열릴 때 지방 간부가 숙박한다. 국내 이용자의 요금은 명확하지 않지만, 필자가 세미나 때문에 머물렀을 때의 당시 요금인 1박 500위안(약 1만 엔)은 대단히 합리적이다.

레스토랑은 서루와 동루에 20개씩 있다. 동루에 있는 레스토랑에서 뷔페를 이용했던 식사 경험밖에 없지만, 결코 맛있다고 말할 수 없다. 그런데 소책자에는 1인당 300위안에서 1000위안까지 연회 요리가 가능한 것으로 되어 있다.

별동(別棟)에 있는 서점은 충실(充實)하다. 다른 서점에는 없는 군사 관련 서적, 마오쩌둥 및 저우언라이 등의 전기, 중난하이에 대한 서적을 구입할 수 있어 유익하다.

3) 댜오위타이 국빈관

(1) 중국의 영빈관

댜오위타이 국빈관은 중국의 영빈관이다. 이름은 금(金)나라 제6대 황제 장종(章宗, 1189~1208)이 이 지역의 연못에 낚시터를 만들었던 것에서 유래한다. 총면적 43만m²(도쿄돔 10개분)로 연못과 주변은 청나라 건륭제 시절에 황제 소유의 정원인 황가원림이 '옥연담(玉淵潭)'으로 정비되었고, 건물은 인민대회당 등과 마찬가지로 건국 10주년을 기념하는 10대 건물 중 하나로 1959년에 재건축되었다.

그러나 본래의 영빈관도 문화대혁명 시기에는 모든 건물이 '4인방'의 거점이 되었고 중난하이에 이어 사령부 건물로 쓰이기도 했다. 따라서 동시대에 문화대혁명이라는 중국 역사에서 발생한 '비극의 무대'가 되기도 했던 장소이다.

1976년 10월 '4인방'을 추방한 이후 댜오위타이는 영빈관으로 이용되었는데, 앞에서 언급한 바와 같이 1981년 7월 일본 미쓰비시 종합연구소 방중단의 베이징 체류용 호텔로 쓰여 필자는 이곳에서 2박을 했다. 또한 필자는 1994년 9월 일본 미쓰비시 그룹 고급 미션 방중 시 양원재(養源齋), 팔방원(八芳苑), 15호루 등에서 개최된 회견과 연회에 참가했던 적도 있다. 당시 15호루에는 댜오위타이에서 사용되던 식기('댜오위타이 용품') 등을 팔았던 소매부(小賣部)가 있었지만, 2011년 3월에 다시 방문했을 무렵에는 2개의 상품부(商品部)로 교체되어 건축되었고 상품도 '댜오위타이'라는 브랜드의 고가의 술, 담배, 식기뿐이었다. 2013년 8월에 다시 방문해 30년 만에 숙박하면서 정원 내부를 마음껏 산책했다.

댜오위타이는 중국을 공식 방문하는 세계의 정상이 숙박 [18호루가 원수루(元首樓)]하는 곳 이외에, 최근에 필자가 숙박했던 17호루는 한반도 문제를 둘러싼 6자협의 등이 이루어지는 국제회의장이 되고 있다. 원내에는 17개의 루(당초에는 15개, 그 이후 2개 동 추가, 1호와 13호는 없음)가 있는데, 실제로 숙박할 수 있는 것은 2, 3, 9, 17, 18호루이고 팔방원과 그 밖의 곳은 회의 혹은 연회에만 이용되고 있다. 각 루에는

20개 전후의 방이 있으며, 합쳐서 400개의 방이 있다.

또한 인접한 곳에 '댜오위타이대반점(釣魚台大飯店, 호텔)'
이 있는데 계열 호텔이지만 영빈관은 아니다. 2013년 필자
가 방중했을 무렵에는 매일 택시를 타고 시내 중심부에서
"댜오위타이까지"라고 기사에게 말했는데, 세 차례 모두
'댜오위타이대반점'으로 향했다. 택시에 탑승해서 영빈관으
로 이동한 손님은 아마도 필자 외에는 거의 없었을 것이다.

(2) 댜오위타이의 추억

1981년 7월 일본 미쓰비시 종합연구소 방중단이 숙박했
던 곳은 아마도 북문에 가까운 3호루였던 것으로 생각된
다. 기억이 틀림없다면 이곳은 18호루에 가깝기 때문에 원
수급 인사가 숙박 시 수행원의 숙소가 되는 경우가 많다. 당
시 베이징에서 고급 호텔은 베이징반점(北京飯店) 등으로 한
정되어 있었고, 게다가 방의 확보가 어려웠다. 방중 전에
중국 측 초청 기관인 대외무역부 국제무역연구소는 숙박에
대해 '댜오위타이 국빈관밖에 방이 없고 이 건물에 숙박할
경우 1개 동을 모두 빌려야 한다'라고 했다. 하지만 최종적
으로 1개 동 요금이 아닌 방별 요금으로 계산했는데 사장
이 사용한 비즈니스룸이 1500위안(당시 환율로 약 20만 엔),

나머지 인원은 트윈룸으로 500위안(1인당 7만 5000엔)으로 결정되었다. 방은 넓었는데 고전적이고 호화로웠다. 냉장고에는 철 지난 여지(荔枝, lychee)가 있었던 기억이 있다.

인민대회당에서 구무와의 회견 이후, 기자회견을 댜오위타이에서 거행했다. 영빈관은 일본계 각 회사 특파원을 출입시키는 데 있어 자동차 번호 등록 등 엄격하게 검사했던 것이 생각난다. 또한 숙소에 가까운 북문으로 입장하라고 지정받았다. 한 간사(幹事) 기자는 그의 부인이 운전하는 차량으로 참가했는데, 당시에는 영빈관 출입이 진귀한 일이었기 때문에 부인은 원내를 드라이브했다는 후일담을 들었다.

연회에서 사용된 어원 내부의 양원재는 유서 깊은 레스토랑이다. 1992년 중·일 국교 회복 20주년을 기념해 일본 천황 내외의 방중 시 중국 측의 초청 연회장으로 이용되었다. 최근에는 2007년 12월, 후쿠다 야스오가 방중할 무렵 후진타오의 환영 연회에 사용되었다. 동석한 후쿠다 야스오의 부인은 칠보소(七寶燒)에서 만들어진 특별 메뉴를 가지고 돌아갔다고 한다. 2014년 3월에는 미국의 퍼스트레이디 미셸 오바마(Michelle Obama) 및 영양(令嬢)이 시진핑 부부의 초청으로 양원재에서 식사를 했다.

(3) 30년 만의 숙박

필자는 댜오위타이에서 2013년 8월 22일부터 2박을 했다. 1981년 이래 30년 만의 일이다. 지정된 숙박 장소는 17호루였는데, 6자협의 회의장으로 유명하고 2011년 3월에 견학했던 곳이었다. 이곳은 회의루이고 숙박루가 아니라고 생각했는데 넓은 로비와 회의장 안쪽에 숙박루가 있었다. 또한 댜오위타이 기념품 등을 판매하는 상점도 있었다.

숙박 기간에 맞추어 베이징의 친구들과 회식을 즐겼다. 호화로운 개실과 진귀한 요리에 모두 감격했다. 2일간의 체류 중 아침저녁으로 뜰 안을 산책하고 모든 루와 어원을 보았다. 이 시기 자마이카의 총리가 체류했고 필자가 떠난 이튿날인 25일부터는 리셴룽(李顯龍) 싱가포르 총리가 체류하기도 했는데, 중국 외교는 세계의 요인이 왕래하는 이 댜오위타이를 둘러싸고 전개된다고 해도 과언이 아니다.

그런데 중국의 서민들이 저내(邸內)를 견학할 수 있다는 것이나 가족과 함께 숙박할 수 있다는 점은 의외였다.

지금은 돈을 내면 이용할 수 있다고는 하지만 요금이 일반 호텔의 1.5배 이상 비싸고 이용 역시 그렇게 간단하지 않다고 생각되는데, 이곳을 이용하는 사람들은 '부유층'이나 '특별 고객'인 것일까?

5. 중국 요인들의 주거지

중국 요인들의 거주 관련 정보는 '국가 기밀'로서 공개되는 일은 없다. 과거에는 정치국 상무위원, 부총리 이상 고급 간부는 중난하이에 거주하는 것이 일반적인 듯 했고 실각 및 은퇴와 함께 중난하이를 떠났다. 그 후에는 베이징 시내 골목[胡同], 만수로(萬壽路) 주변 및 교외의 옥천산 등에 거주하는 것으로 추정된다. 현역 간부의 주소에 관한 정보 역시 거의 알려져 있지 않다. 하지만 소문은 있다. 몇 가지 소문에 입각해 중국 요인들의 거주구를 직접 방문해보았다.

1) 동교민항

장안가 남쪽에 있는 동교민항(東交民巷)은 제2차 세계대전 이전에는 외국의 공사관 건물들이 늘어섰던 거리였고 옛 일본 공사관은 현재 베이징시 당 위원회(黨委員會) 및 베이징시 정부로 쓰이고 있다. 그 자리에는 일본의 요코하마정금은행[橫浜正金銀行, 옛 도쿄은행(東京銀行), 현재의 미쓰비시도쿄UFJ은행]과 우편국(郵便局)도 있었다. 해방 이후 외교부 소관의 '시내 영빈관'이 되었고, 14, 21, 23, 24, 25호 빈관(賓館) 등은 외국

문진가에 있는 베이하이 공원 입구

자료: 필자 촬영(2007년 4월).

베이하이 공원 충화다오(瓊華島) 백탑[白塔, 라마탑(喇嘛塔)]

자료: 필자 촬영(2007년 4월).

허우하이 물가에 세워진 쑹칭링 옛 주거지

자료: 필자 촬영(2011년 3월).

기업의 사무실 혹은 요인 주택으로도 사용되었다.

필자는 1980년대 두 차례에 걸쳐 14호 빈관에 숙박했던 적이 있었는데 댜오위타이 국빈관에 필적하는 넓고 호화로운 방이었던 것으로 기억한다. 그 이후 이곳은 노로돔 시아누크(Norodom Sihanouk) 캄보디아 국왕의 베이징 거주처로도 쓰였다. 현재 이곳은 문이 굳게 닫혀져 있으며, 외부인은 들어가지 못하는 듯하다.

1990년대 초에는 21호관 빈관에 숙박했던 적이 있다. 그 후 이곳은 일본 석유공단의 사무실이 입주했던 '자금빈관(紫金賓館)'으로 개방되었는데 현재는 국무원 참사실(參事室)이 되었다[전문동대가(前門東大街) 11호].

23호 빈관은 제2차 세계대전 이전에는 미국 공사관이 있었던 곳이었는데, 해방 이후 일본의 옛 일본수출은행(日本輸出銀行) 등이 입주했다. 또한 최근까지 이탈리아 요리점 및 프랑스 요리점이 있었다. 그런데 현재는 윈난(雲南) 요리점만 남아 있고 다른 건물도 사무실 등으로 개방되었으며, 입거하려는 사람이 없어 적막한 상태이다. 2015년 3월 베이징 출장 때 친구들과 윈난 요리점의 탁자를 둘러싸고 모였다. 음식은 대단히 맛있었고 식당 분위기도 좋았고 요금도 적당해서 흠잡을 데가 없었는데, 당일에도 베이징에 주재하는 외국인들로 붐볐다.

25호 빈관은 1976년 당시 화궈펑의 주거지로 사용되었던 것으로도 전해진다. 화궈펑은 과거에 왕푸징(王府井) 부근에 있는 덩스커우(燈市口)의 사합원에 거주했다. 해당 사합원에는 그 이후 부총리를 역임한 지덩쿠이(紀登奎, 정치국원)가 거주했고 현재도 그 가족이 거주하고 있다.

2) 스차하이

베이징에는 '6개의 해(海)'가 있다. 베이하이, 중하이, 난하이, 허우하이(後海), 첸하이(前海), 시하이(西海)이다. 모두 과거에 황제 및 황족이 거주하거나 이궁(離宮)으로 이용했던 장소들이다. 이 가운데 베이하이는 현재 시민공원으로 개방되고 있다. 중하이와 난하이는 말할 필요도 없이 '중난하이'로서 당과 정부의 소재지이며, 일반인은 들어갈 수 없다. 첸하이, 허우하이, 시하이[통칭해 스차하이(什刹海)]는 요인 거주구의 일각이고 국가부주석을 역임한 쑹칭링(宋慶齡) 등 과거 지도자의 옛 주거지였는데, 현재 이곳도 개방되어 있다. 그 주변은 레스토랑, 사원[壽], 옛 상점 등이 있고 외국인의 인기 명소가 되고 있다.

첸하이의 '류음가(柳蔭街)'는 과거 규정에 따르면, 부총리 이상을 지낸 고관의 은퇴 후 거주 지역이라고 알려졌는데, 석유공업부장을 역임한 인물이 거주했던 것을 보면 일부 국무원 부장 경험자(장관급)의 거주도 허락되었던 것으로 유추할 수 있다.

3) 죽원빈관

허우하이에서 걸어서 10분 거리의 골목에 있는 죽원빈관 (竹園賓館, Bamboo Garden Hotel)은 청조 말기 우정대신(郵政大臣) 성쉬안화이(盛宣懷)의 사저(私邸)인데, 아사다 지로(淺田次郎)의 소설 『창궁의 묘(蒼穹の昴)』에도 등장하는 서태후에 봉사했던 환관 안더하이(安德海)의 별장[화원(花園)]이었고 건국 이후에는 왕멍타이(王萌泰), 마한싼(馬漢三, 중화민국 시대의 민정부장), 중국공산당 지도자 둥비우(董必武)와 캉성(康生)의 주거지였다. 1982년부터 호텔로 영업을 개시했고, 지금은 사합원 형태의 호텔로서 특히 외국인에게 인기가 있다.

둥비우가 이곳을 공관으로 이용한 것은 건국 후 1952년부터 1959년까지였다. 당시 죽원빈관의 부지 면적은 7650m²였는데 자식이 없었던 둥비우 부부는 자신들이 거주하기에는 너무 넓다며, 이 가운데 5000m²를 문화부(文化部) 유치원으로 개원(開園)했다. 하지만 2009년 문화부는 이를 다시 반환했고 그 이후 '죽원빈관'으로 활용되고 있다.

둥비우의 뒤를 이은 사람은 캉성이다. 캉성이라고 하면 마오쩌둥의 비서, 공안(公安, 스파이)의 일인자, 장칭 등에 필적하는 문화대혁명 지도자 중 1인이라는 나쁜 이미지(악의

천재)밖에 없다. 캉성의 반평생을 묘사한 책『용의 발톱 캉성(龍のかぎ爪 康生)』에 따르면 캉성이 죽원빈관을 사저로 사용한 기간은 1962년부터 1975년까지였다. 이 시기 캉성은 장칭 등 문혁파와 함께 댜오위타이 국빈관 8호루를 사무소 겸 자택으로 사용했고, 이 죽원(竹園)에서 그는 당시 터부였던 개를 길렀고 골동 미술품 감상을 즐겼다고 한다.

캉성과 죽원의 관계는 솔즈베리의『새로운 황제들』에도 나온다. 필자도 1984년 죽원에 숙박하며 조사한 바로, 캉성은 과거 수인(囚人)들을 죽원으로 끌고와 고문을 했다고 한다. 솔즈베리는 그 동굴이 죽원의 중정에 있었다고 소개했는데 필자가 2012년에 숙박했을 때는 그 흔적이 사라졌다.

4) 남라고항

남라고항(南羅鼓巷)은 베이징 서고루(西鼓樓) 부근 마오둔(茅盾)의 옛 주거지 및 우호빈관(友好賓館) 부근에 있다. 이곳은 '옛 베이징'을 상징하는 골목으로 최근에는 토산품점(土産品店), 간이식당, 호텔 등이 줄을 잇고 있고 관광객의 인기 명소가 되고 있다.

2014년 2월 25일 베이징 시내는 PM 2.5로 대기오염이 가장 심한 날이었다. 그날 오후 안개가 낀 남라고항의 옛 골목을 걷는 지도자가 있었다. 바로 시진핑이었다. '대중과의 융합'을 좌우명으로 삼은 시진핑은 2013년 말 시내 서민적인 식당에서 일반 시민과 함께 만터우 정식을 먹기도 했는데, 이번에는 시민과의 교류를 위해 이곳 주변을 시찰한 것이다. 옛 시대 분위기를 현재까지 간직하고 있는 남라고항 부근은 '최후의 황제'였던 푸이와 그의 부인 완룽(婉容)이 지냈던 사합원 등도 남겨져 있다.

같은 해 11월 필자는 베이징 출장 때 이 일각의 골목 호텔 '7호원(七號院)'에 숙박했다. 이곳은 사합원을 개조한 호텔로, 이후에 알게 된 것이지만 전임 석탄공업부장의 공관이었다고 한다(석탄공업부는 2002년 국무원 개혁에 의한 부처 개편으로 폐지되었고, 지금은 석탄공업국(石炭工業局)이 되었다).

5) 후원은사 골목

동성구(東城區) 후원은사(後圓恩寺) 골목에 있는 우호빈관은 1928년부터 1948년까지 장제스(蔣介石)의 베이징 별장이었다. 1949년 해방 시에는 중국공산당 화북국(華北局)의 소재지였고, 그 후 유고슬라비아 대사관으로 이용되기도 했다. 현재는 중국인민대외우호협회 소유의 건물이고 최근까지 '우호빈관'으로서 호텔 경영, 나아가 건물 내에는 베이징 최초의 일본 요리점인 창가학회(創價學會) 계통의 '하쿠운(白雲)'이 있었다. 이곳은 한산하고 조용한 골목에 정착한 일본 요리점이었다.

필자는 1985년 이 호텔에서 숙박하며 '하쿠운'에서 다롄 (大連)으로부터 수송되어온 신선한 회를 먹었던 적이 있다. 하지만 2008년에 방문했을 무렵에는 옛날의 모습과 맛은 상실되었고 손님도 우리뿐이었다.

2009년 홍콩의 한 신문은 우호빈관이 시진핑의 자택이 되었다는 정보를 흘렸다. 조속히 호텔과 '하쿠운'에 전화를 해보았는데 그 누구도 받지 않았다. 2010년 12월에 직접 방문해서 살펴보니, 문은 닫혀져 있었고 관리인으로 보이는 사람은 호텔과 '하쿠운' 모두 영업을 그만두었다고 했다. 황폐해진 건물의 안쪽 모습을 보고난 이후, 도저히 시진핑의 자택이라고는 생각되지 않았다. 겉으로는 '중앙국가기관 특별초대소'라는 간판이 걸려 있었지만, 그러한 간판이 공허할 정도로 황폐해 보였다. 이곳과 이웃한 마오둔의 옛 주거지는 방문하는 사람도 없었고 적막감이 흘렀다.

류사오치의 부인 왕광메이의 책 『나와 류사오치(我與劉少

奇)』에 따르면, 이곳 '후원은사'에는 한때 보이보(薄一波)도 거주했다고 한다. 보이보는 만년에 옥천산을 자택으로 삼았던 듯하다. 그런데 2012년 '충칭(重慶) 사건'으로 실각한 충칭시당 위원회 서기이자 정치국원이었던 보시라이(薄熙來)는 보이보의 차남이다.

6) 만수로

중국의 요인은 중난하이 이외에도 시내 중심부의 골목, 만수로 주변 등에 분산해 자택을 갖고 있는 것으로 보인다. 그중 한 장소인 만수로 '신육소(新六所)'는 1950년대 당중앙이 건립한 6층 건물로서 당시 5대 상무위원, 즉 마오쩌둥, 류사오치, 저우언라이, 주더, 런비스(任弼時)와 그 가족이 1개 동씩 거주했고 나머지 1개 동은 직원용 숙소로 사용되었다. '신육소' 1루는 마오쩌둥이 때때로 주거지로 사용했다. 이곳은 또한 기밀 담당 비서를 맡았던 예쯔룽(葉子龍)의 자택이었던 것으로 전해진다. 그렇지만 마오쩌둥은 1959년 이래 한차례도 이곳에 오지 않았다고 한다.

7) 옥천산

옥천산은 베이징 서쪽 교외에 있는데 이곳도 예전에는 황제의 휴양지 중 한 곳이었다. 문자 그대로 '온천이 끓어오르는 땅'으로 일컬어진다. 해방 후에는 군사시설, 회의실, 요인 거주구가 되었고 1976년 10월 '4인방 체포 사건' 시에는 여기에서 정치국 회의를 개최했다. 요인 거주구는 1호관부터 4호관까지 있으며 1호관은 마오쩌둥이 머물던 곳이었다. 또한 '4인방 사건'에서 중요한 역할을 했던 예젠잉은 옥천산을 사령부로 삼았다. 보이보의 회고록 등에 기재되어 있는 것처럼, 옥천산은 고급 간부들이 은퇴한 이후 그들의 '중난하이'가 되고 있다.

옥천산과 마찬가지로 베이징 서쪽 교외에 있는 서산(西山)은 군사 간부용 거주구로 알려져 있다. 예젠잉은 이곳 15호관에 거주했다고 한다. 이곳 25호관은 1976년 4월 '제1차 톈안먼 사건'으로 실각했던 덩샤오핑의 피난 장소였다고 한다.

8) 베이다이허

베이다이허(北戴河)는 베이징에서 280km 떨어진 보하이만(渤海灣)에 면해 있는 허베이성(河北省)의 피서지이다. 매년 여름 중국의 요인들도 피서를 위해 모여 그 무렵 가을 정국(政局) 등에 대해 논의하는 것이 관례화되어 있다. 그것에서 이른바 '베이다이허 회의'란 정치적 의미가 생겼는데, 이 '베이다이허 회의'의 정보를 확보하는 것은 중국 관찰자(China watcher)에게 큰 의미가 있다.

2002년 정권에 취임한 후진타오가 '베이다이허 회의'를 취소시켰다고 알려져 있기도 하지만, 계속 거행되고 있다는 정보도 있다. 1997년 이전 덩샤오핑이 건재했을 무렵에는 이 시기 베이징을 방문했던 외국 요인은 중국 수뇌와 회견하기 위해 베이다이히로 향하는 것이 상례(常禮)였는데 최근 들어 이것이 취소되고 있다.

베이다이허의 요인 거주구는 댜오위타이 국빈관처럼 1개씩 건물[號樓]이 점재(點在)되어 있으며, 각 요인마다 할당되어 있는 것으로 전해진다. 1호루는 마오쩌둥의 관저였다고 한다. 아마도 그 후에는 당 주석 또는 총서기 전용의 지정 건물이 되었을 것이다. 베이다이허는 요인의 피서지일 뿐 아니라 일반 서민의 피서지이기도 하다. 하지만 특정 시기는 요인 거주구인 일부 지역은 입장이 금지되며 외국인이 가까이 가는 것도 불가능하다고 한다. 그래서 인사(人事)

문제를 협의하는 '베이다이허 회의'의 내용이 적힌 메모지를 쓰레기통에서 건져내기는 아무래도 어려워 보인다.

6. 중난하이 주변을 걷다

골목[胡同]을 걸으면 중국의 현재 모습이 눈에 들어온다. 필자는 베이징을 방문할 때마다 가는 관측 장소가 있다. 주로 중난하이 주변인데 그중 한곳은 베이징의 전통적인 골목이다. 골목이란 "원나라 시대에서 기원을 찾을 수 있다", "대로(大路)에서 한 걸음 들어간 곳에 있는 옆길[橫町]이나 속길[裏道]을 지칭한다"(『골목의 기억(胡同の記憶)』). 2008년 베이징올림픽을 전후로 베이징의 거리[街]는 대대적으로 개조가 진행되었지만 아직 남아 있는 골목도 많다.

2009년 4월 필자는 베이징의 중심부 왕푸징 바로 안쪽에 있는 골목을 걸었다. 개인 주택 외에 작은 담배가게[과일가게 겸영(兼營)], 문구점, 국수집 등이 있었다. 그중 한 게시판이 눈에 들어왔다. 베이징시 발전개혁위원회의 '퇴거 명령'이었는데 도시 재개발을 위해 이 골목도 2년 후에는 없어진다는 통지였다. 다른 공고문도 흥미로웠다. '소매치기 주의'

라는 경고문이 적혀 있었다. 옛날에는 사람들이 왕래하는 주변을 열쇠로 문을 잠그지 않더라도 어떤 걱정이 없었지만, 지금은 그것이 더 이상 안 된다는 것일까? 치안 상태가 악화되고 있음을 보여주는 현상이었다.

왕푸징 대로에서 서쪽으로 들어간 골목을 걷자 호화로운 자동차 쇼룸 앞에 있는 란저우(蘭州) 라면의 간판이 눈에 들어와 황급히 들어가서 보자, 서역(西域) 출신 부부가 테이블 2개의 점포를 경영하고 있었다. 면(麵) 한 그릇에 10위안이었다. 듣자 하니 철거 요구를 엄청나게 받았지만 계속 버티고 있다고 했다. 그런데 그로부터 1년 후 다시 찾아가보니 이미 그곳은 흔적도 없이 사라져 재개발이 진행되고 있었다. 그 부부는 과연 어디로 갔을까?

계속해서 100m를 걸어 고궁을 지나자 당과 정부 소재지인 중난하이 뒤쪽으로 도착했다. 도쿄로 치자면 황거 해자의 모서리 일등지 정도랄까? 거기에서 조그마한 가정부 소개소를 발견했다. 상하이(上海) 부유층이 가정부를 고용하고 있다는 말은 들었지만, 결국 베이징에도 이러한 수요가 출현하는 것인가 하는 생각이 강하게 들었다. 그런가 하면 이른 아침 베이징에는 개를 산책시키는 사람도 눈에 띄었다. 최근의 애완동물 키우기 유행을 반영하고 있는 듯했다. 이와 같이 골목과 거리를 걸으면서 현재 중국의 모습을 살펴볼 수 있었다. 겨울 골목은 적막하지만 세상사를 잘 대변하고 있었다.

1) 지하철 이야기

또 하나의 관측 장소는 지하철이다. 최근 베이징에서는 가능한 한 지하철과 버스를 이용하고 있다. 교통 지체가 가끔 일어나기도 하지만, 지하철 노선이 급속하게 확대되고 있어 편리하고 무엇보다도 저렴했는데 당시에는 일률적으로 2위안(약 30엔)이었다(2013년 일률제가 폐지되었고 이동 거리에 따라 요금이 다른 체계가 되었다). 또한 지하철 차량 내부와 차창을 통해 현재의 중국이 눈에 들어오기 때문이다. 예를 들면 지하철 차량 내부에서 구걸하는 자가 있는 것은 중국스러운 것이다. 지하철 내부의 구걸하는 자는 베이징뿐 아니라 상하이, 광저우(廣州)에도 있다. 이전까지는 대부분의 승객이 이것을 무시했지만 최근에는 많은 사람이 소액을 적선하고 있다. 안도의 한숨을 쉬는 동시에 중국의 격차 실태를 깨닫는 광경이었다.

골목의 '소매치기 주의', '교통 정체', '농민공(農民工)', '거지' 등의 현상은 일본을 포함해 서방 세계 어디에서도 발견되지만, 40여 년 전(1974년) 필자가 처음 중국을 방문했을 무렵에는 상상도 할 수 없었던 일이다. 당시 '소매치기'나 '거지'는 있었다고 하더라도 적어도 외국인의 눈에 띄지는 않았다. 최근 중국에서는 도시화가 급속하게 진행됨에 따라 가정부 등 새로운 고용 기회도 창출되는 동시에 주택, 교육, 의료 등에서 다양한 사회 문제가 발생하고 있다.

과거의 후진타오 정권은 '조화로운 사회[和諧社會, 격차시정(格差是正)]'의 실현을, 현재의 시진핑 정권은 '부국강병(富國强兵)' 혹은 '중국의 꿈 실현'(생활의 풍요로움)을 표어로 삼고 있는데, 실제로 사회 밑바닥 소득층 및 직업 종사자를 배려하는 경제 운영이 이루어질 것인가 여부는 아직 의문시된다. 이것에 중국 사회의 안정이 달려 있다.

2) 부우가

부우가는 중난하이의 정남(正南)쪽에서 북쪽까지의 거리에 상당하고 천천히 걸으면 20분이 걸린다. 부우가만 해도 문 3개, 통용문(通用門) 몇 개가 있고 서문까지의 벽은 붉은색이다. 그 반대쪽을 걸으면 보초가 서 있는 건물이 계속된다. '부우가 135호'는 간판은 없지만 당 통일전선공작부의 사무실이다. '65호'에도 보초가 서 있는데, 정부 기관의 건물로 생각된다. 계속 걸으면 쯔중소학교(自忠小學校)가 나오는데 이곳은 중화민국의 군인 장쯔중(張自忠) 장군의 옛 주거지가 있던 곳이다. 부우가는 공공버스 14번이 이용할 수 있는 도로이고 길의 끝이 문진가의 교차점이다.

3) 문진가

부우가의 교차점을 오른쪽으로 돌면 문진가이고 왼쪽으로 돌면 서안문대가(西安文大街)이다. 문진가 우측의 벽을 따라 나가면 중난하이 북문이 있다. 이곳이 국무원의 입구에 해당한다. 그리고 여기에서 동쪽으로 나가면 '베이하이 대교(北海大橋)'가 있다. 이 대교는 베이하이와 중하이를 건너는 다리이고 옛날에는 '금별옥동교(金鱉玉蝀橋)'라고 불렸다. 2007년 12월 필자가 이 다리를 걸었을 때 중난하이를 향해서 카메라를 들자, 경비를 서던 무장경찰로부터 제지를 당했던 적이 있다. 그럼에도 무시하고 사진을 찍었다. 울타리 맞은편이 '중하이'이고 그 깊숙이에 있는 건물이 자광각이라고 생각된다. 1999년 4월 파룬궁(法輪功) 수련자들이 이 베이하이 대교에서 중난하이를 포위하면서 '침묵 시위'를 해서, 당시의 총서기였던 장쩌민이 격노했던 일이 있었다.

4) 북장가

베이하이 대교의 교차점에서 오른쪽으로 꺾어지면 나오는 길이 북장가이다. 길을 따라 벽이 계속되는데 문 몇 개는 거의 폐쇄되어 있다. 벽 안쪽은 중하이 동안(東岸)에 해당하며 초원(蕉園)이 있다. '북장가 75'라는 주소가 적혀 있는데 두꺼운 문으로 닫혀 있다. 요인 거주구 중 한군데로 생각된다. 어떤 자료에 따르면, 과거 천원(陳雲) 전임 부총리의 자택이었다고 한다. 천원은 이전에 풍택원 북쪽의 거인당에도 거주했던 것으로 전해지는데, 수차례 주거지를 옮겼을지도 모른다.

5) 남장가

'남장가 1'이라는 주소는 후진타오의 주거지라는 소문이 있었다. 주소 표시는 확실히 있지만 문은 굳게 닫힌 상태이다. 솔즈베리의 『새로운 황제들』에 따르면, 이 주소는 과

거 후야오방의 자
택이었던 곳이다.
총서기의 공관일
가능성이 있는데,
나중에 총서기가
된 후진타오가 이
곳을 인계했던 것
으로 여겨진다. 이

중국의 '중앙 요인' 전용 305의원

자료: 필자 촬영(2009년 10월).

곳에서 더 내려가면 '남장가 79'라는 표시와 문이 있는데 안
을 엿볼 수 없다. 그렇지만 남장가의 중난하이와 반대쪽은
예전부터 골목과 상점들이 줄이어져 있었다.

6) 305의원

문진가의 교차점에 이 병원 간판이 있다. 실제 건물은 문
진가에서 북쪽으로 향하는 차오강쯔(草崗子) 골목에 있다.
305의원(三O五醫院), 정식 명칭은 '중국인민해방군 제305의
원'으로 중난하이에 가까이 있기 때문에, 중앙 요인(고급 간
부)을 위한 전용 병원이다. 1976년 1월 8일 저우언라이가 바
로 이곳에서 사망했다.

7) 서안문대가 22호

　부우가에서 문진가의 교차점을 왼쪽으로 돌면 나오는 도로가 서안문대가(西安門大街)인데 경비가 삼엄한 문이 있다. 이곳은 중난하이는 아니지만 국무원 관련 부처가 입주해 있는 건물이 있다. 과거에는 국무원의 싱크탱크인 '국무원 발전연구센터'가 있었는데, 1994년 9월 필자가 방문한 적이 있다. 해당 센터는 현재 원래의 외교부 빌딩[동성구 조내대가(朝內大街) 225회]에 있으며, 이 장소는 현재 국무원 국가사무관리국(國家事務管理局) 등 국무원 직속 기관이 들어가 있다.

7. 주요 관청의 소재지

　주요 관청은 중난하이 바깥에 있다. 중난하이는 북쪽이 국무원 지역인데 여기에는 총리, 부총리 및 국무위원(부총리급) 집무실, 회의실, 회견실 혹은 비서진의 주거지 등이 있는 것으로 알려져 있으며 각각의 관청 대부분은 중난하이 바깥에 있다.

　국무원을 구성하는 25개 주요 관청 가운데 국방부를 제외하고 그 주소는 모두 공개되어 있는데, 주소는 정식으로 간판에 게재되어 있다. 그 지역은 중난하이 주변인 서성구(西城區)에 많이 집중되어 있으며, 서성구는 현재 도쿄의 '지요다구(千代田區)'[3] 또는 '가스미가세키(霞が關)'[4]라고 말할 수도 있다. 25개 관청 가운데 국가발전개혁위원회 등 일부 건물은 클래식하지만 대다수 관청은 근대적인 건물로 교체되었다. 중난하이 주변의 역사적인 건물[왕부(王府)]은 당 관련 조직이 사용하는 경우가 많다.

톈안먼을 사이에 두고 동쪽이 동성구, 서쪽이 서성구이다. 이 둘을 잇는 것이 장안가인데 이것도 톈안먼을 사이에 두고 동장안가(東長安街)와 서장안가(西長安街)로 나뉜다.

상무부(옛 대외무역경제합작부)는 예전부터 베이징반점 맞은편 동장안가에 있었다. 옛날 이 주변에는 관청과 국유기업도 많이 존재했지만 동단(東單) 이동(以東) 지구는 현재 상업 빌딩이 급속도로 들어서고 있다. 한편 서장안가는 중난하이와 가깝기 때문에 관청가(官廳街)가 되고 있고, 또한 서성구는 금융가(金融街)로서 금융 및 증권 등 관계 기관과 기

---

3) 도쿄의 중심 지역에 위치한 구(區)로서 일본 황궁(皇宮)이 소재한 곳이다.
4) 도쿄 지요다구에 위치한 일본 관청가(官廳街) 지역을 가리키는 지명이다.

업이 모이고 있다.

그 가운데에서도 장안가 동쪽, 톈안먼 광장 동쪽에 위세 등등한 모습을 뽐내고 있는 공안부(公安部)와 국가안전부(國家安全部)는 좋든 싫든 한눈에 들어오는 거대한 건물이다.

외교부의 새로운 빌딩도 두드러진다. 조양문(朝陽門)의 교차점에 우뚝 서 있는 원형 건물은 거대한 호텔처럼 보이기도 하는데, 중국의 국제적인 위상을 상징하는 것처럼 이채로움을 발산하고 있다. 그리고 같은 조양문에 있는 옛 외교부 빌딩에는 국무원 발전연구센터 등 국무원 산하의 외곽 단체가 입주해 있다.

또한 조양구(朝陽區) 건국문외(建國門外) 일각은 외국 대사관 건물이 많이 들어서 있는 지역이다. 그런데 외국 대사관 건물이 모여 있는 거리로는 최근 일본 대사관이 자리를 이동한 조양구 량마교(亮馬橋) 지구를 들 수 있는데, 이곳에는 프랑스 대사관 등이 있기도 하며 조양구 안의 여러 곳에 분산되어 존재하고 있다.

1) 정부 계통 싱크탱크

정부 관청은 아니지만 중국 유수의 싱크탱크 중 하나로

중국사회과학원 일본연구소가 있는 돤치루이 집정부 옛 자리

자료: 필자 촬영(2015년 3월).

중국사회과학원(中國社會科學院)이 있다. 본부는 건국문외에 있는데 일본연구소는 동성구 장쯔중로(張自忠路)의 돤치루이(段祺瑞) 집정부(執政府) 옛 자리에 있다. 1906년에 세워진 서양식 벽돌과 목조로 만들어진 건물은 현재까지 건재하지만 노후화도 심각하다. 2015년 3월 필자가 견학했을 때는 모든 곳이 수리 중이었다. 1912년 위안스카이가 중화민국 임시정부 대총통에 취임했을 때 이곳에 총통부와 국무원을

두었다. 또한 1937년 중·일전쟁 시에는 화북(華北) 주둔군 사령부가 설치되었던 장소이기도 한데, 원래는 청나라 시대 강희제의 아홉 번째 황자(皇子) 윤당(胤禟)의 저택, 그리고 옹정제(雍正帝)의 다섯 번째 황자 홍주(弘晝)의 화공친왕부(和恭親王府)[5]가 있었던 곳이다.

근대화 물결이 급격하게 진전되어 역사적 무대가 사라져가는 작금의 베이징이지만, 이러한 격렬한 역사의 풍설(風雪)을 받으면서도 지금까지도 존재하는 역사적 건축물이 남겨진 곳에서 포근함을 느끼게 되기도 한다. 이 역사적인 건물은 기본적으로 개방되어 있으며 경비는 수행되고 있지만, 문은 언제나 열려 있고 차량에 탑승해 들어갈 수 있다.

2) 중국 당과 정부의 관청 구별 방법

당 관련 건물은 일부를 제외하고 간판이 없다. 반대로 정부 기관은 대부분 간판이 있다. 그 구별 방법은 간판이 없고 무장경찰이 서 있고 출입구에 대한 경비가 삼엄하며 오성

5) 일명 화공친왕(和恭親王)이라고 불린 강희제의 다섯 번째 황자 홍주(1712~1770)의 주거지를 일컫는 말이다.

홍기(五星紅旗)가 펄럭이고 있다면, 우선 당 관련 건물임에 틀림없다. 국무원 관련 건물도 간판의 존재를 제외하면 당 관련 건물과 같은데, 국무원 직속 기관 등 일부는 간판이 없기 때문에 당 관련인지 혹은 정부 관련인지 구별하기 어렵다. 군 시설의 경우에는 '군내 시설이므로 무단출입 엄금'이라는 간판이 있다.

당에 비해 정부 기관은 대부분 주소도 밝혀져 있고 관청 소재지에는 간판도 걸려 있기 때문에, 외국인 방문자가 직접 면회나 상담하러 방문하는 일도 가능하다. 다만 어디라도 같겠지만 외국인이 직접 면회자를 만나러 갈 수는 없다. 위병에게 여권 등 신분증명서를 제시하고 경비실에 면회하러 온 상대방의 이름을 전한 이후, 마중 나온 관계자를 따라 사무실에 들어갈 수 있다.

제2장

중난하이의 현대사

1. 마오쩌둥의 중난하이

1) 핑퐁 외교를 결단한 마오쩌둥

(1) 중난하이의 주인

　1949년 9월 중국국민당과의 내전에서 승리하고 정권을 장악한 마오쩌둥의 중국공산당이었지만, 당시에 당 본부는 아직 중난하이에 없었다.

　10월 1일 톈안먼에서 큰 목소리로 중화인민공화국 건국을 선언한 마오쩌둥이었지만, 그때는 아직 중난하이의 거주자가 아니었다.

　1949년 해방되었을 때의 중난하이는 황폐한 상태로 방

1956년 10월 4일 중난하이 내부의 이년당 앞에서 담소를 나누는 마오쩌둥, 저우언라이, 천이, 장원톈(오른쪽에서 왼쪽 방향)

자료: 『중난하이』.

치되어 있었다고 기록되어 있다. 중하이 및 난하이에 쌓여 있던 진흙탕이 덤프트럭 100대 분량이나 되었는데 대대적으로 청소를 했다. 저우언라이와 예젠잉(당시 베이징시 시장) 등은 마오쩌둥에게 중난하이로 들어와 거주할 것을 권했지만, 바로 거주할 수 있는 환경은 아니었고 우선 중난하이를 대대적으로 정비해야 했다. 그리고 마오쩌둥을 설득하기 위해 저우언라이가 우선 풍택원에 들어와 거주했다.

그런데 아직까지 불가사의한 것은 마오쩌둥이 언제부터 중난하이에서 거주하기 시작했는가에 대한 것인데 이에 대해서는 여러 가지 설이 있다. 후난성 창사(長沙)에 있는 '마오쩌둥 기념관(毛澤東記念館)'에서 살펴보았던 기록에 따르면, 마오쩌둥이 중난하이로 이동한 것은 1949년 12월이라고 되어 있다. 그렇지만 그 후에 읽은 문헌 중에는 1949년 3월설과 9월 설도 언급되고 있는데 제설(諸說)이 분분하다.

1950년대 중난하이에서 촬영된 사진에는 마오쩌둥과 저우언라이 등이 친밀하게 잡담하는 장면을 많이 볼 수 있다. 사진집 『중난하이』는 마오쩌둥이 거주하는 풍택원의 국향서옥 등을 중심으로 편집되어 있는데 이년당에서의 회의, 1959년 6월 흐루쇼프와의 회담, 외국 요인과의 회견 및 회담 등도 이 지역이 중심이었다. 건국 후부터 1960년대 초반까지의 중난하이는 평온했다. 하지만 1960년 중반 불어닥친 문화대혁명으로 '중난하이의 봄'은 더 이상 지속될 수 없었다. 중난하이에 거주하기를 꺼린 마오쩌둥이었지만 결국 그는 '중난하이의 거주자'가 되었다.

역대 요인 중 말년까지 중난하이에 거주했던 요인들은

마오쩌둥, 저우언라이, 덩잉차오 부부뿐이었다. 다만 저우언라이는 '305의원'에서 사망했다. 덩잉차오는 저우언라이 사후 그의 중난하이 주거지였던 서화청에서 만년을 보냈다.

(2) 핑퐁 외교

'중난하이'에서 공포(公布)되는 당 및 정부의 성명은 마오쩌둥이 반포하는 결정과 같은, 즉 '마오쩌둥 사령(司令)'이라고 말할 수도 있는 것이었다. 그 한 가지 일화를 필자의 체험을 덧붙여 소개해보겠다.

1971년 3월 28일 필자는 신칸센에 급히 탑승했다. 목적지는 나고야였다. 당시 개최 중이었던 탁구선수권대회를 견학하기 위해서였다. 필자는 탁구를 좋아하지는 않았지만 '핑퐁 외교'를 직접 눈으로 확인하고자 했던 것이다.

문화대혁명 이후 처음으로 국제시합에 참가한 중국팀과 미국팀 사이에 작은 교류가 이루어졌고, 이것이 계기가 되어 미국팀의 방중이 실현되었다. 미국팀의 방중 결정은 같은 해 7월 헨리 키신저(Henry Kissinger)의 비밀 방중, 10월 중국의 유엔 복귀, 1972년 2월 닉슨의 방중, 1979년 1월 미·중 국교 수립으로 연결되는 중국을 둘러싼 국제관계 및 미·중 관계가 180도 전환되는 계기가 되는 국제적인 빅뉴스였다.

미국팀의 방중을 결정하는 최종 결재를 했던 사람은 마오쩌둥이었다. 1971년 4월 6일 밤, 당시 마오쩌둥은 매일 밤 수면제를 복용해왔기 때문에 의식은 몽롱했지만, 미국팀이 일본을 떠나 미국으로 귀국하는 마지막 단계에서 결정을 내렸다. 역사에 '만약'은 금기 사항이지만 마오쩌둥의 의식이 회복되지 않았다면, 그리고 간호사가 마오쩌둥의 말을 듣지 못했다면 '핑퐁 외교'는 성립되지 못했을 것이다. 중국 대표단이 미국팀을 베이징에 초대하고 싶다는 요청을 중국 외교부는 시기상조라고 각하(却下)했지만, 그와 동시에 저우언라이에게 보고되었고 저우언라이는 마오쩌둥에게 결재를 위임했다.

　대미 관계를 정상화하기를 원하는 마오쩌둥의 메시지는 1970년 10월 중국의 국경절에 톈안먼 누각 위에서 마오쩌둥과 에드거 스노우(Edgar Snow)가 함께 한 사진을 공개하는 것을 통해 미국 측에 발신되었다. 그런데 미국은 해당 메시지를 진지하게 받아들이지 않았다. 그렇지만 '핑퐁 외교'에서의 마오쩌둥의 슬기롭고 용기 있는 결단이 다음 단계로 나아갈 수 있도록 했으며, 결국 키신저의 비밀 방중과 닉슨의 방중으로 연결되었다. 미국과 중국 사이에서 중재자로서 공헌을 했던 스노우는 닉슨 방중을 자신의 눈으로 확인하지 못한 채, 1972년 2월 15일 스위스에서 사망했다.

2) 백악관 경호원도 들어가지 못했던 마오쩌둥과 닉슨의 회담

　1972년 2월 21일 차가운 바람이 부는 가운데 미국 대통령 전용기 '에어포스 원(Airforce One)'이 맑게 갠 겨울 하늘의 베이징 공항에 착륙했다. 전용기에서 내린 닉슨 부부를 맞이한 것은 저우언라이와 예젠잉이었다. 도착 모습은 전 세계에 생중계되었고 당시 대학원생이었던 필자도 TV를 통해 보았다. 중난하이에서는 그 무렵 낮과 밤을 바꾸어 살고 있던 마오쩌둥이 활기찬 모습으로 비서에게서 닉슨의 도착 시간을 들었다고 한다. 그리고 기다리지 못하고 바로 닉슨을 부르도록 지시했는데, 당시에는 휴대전화가 없었기에 이미 공항으로 향한 저우언라이와 연락이 닿지 않았고 닉슨 일행은 공항에서 댜오위타이 국빈관으로 직행했다.

　닉슨은 댜오위타이 국빈관 18호루에 도착해 저우언라이에게서 "마오(쩌둥) 주석을 만나게 될 것 입니다"라는 전언을 전달받고 여장을 푼 뒤 얼마 되지 않아, 마오쩌둥과의 회견을 위해 중난하이로 향했다. 닉슨을 수행했던 사람들은 닉슨 방중의 일등 공신 키신저와 후에 중국 대사가 되는 윈스

턴 로드(Winston Lord) 국무부 차관보 2명뿐이었다. 키신저의 책『키신저 회고록 중국(キッシンジャー回想錄 中國)』에 따르면 회견 장소였던 마오쩌둥의 서재(수영동)에는 백악관 경호원의 동행이 인정되지 않았다. 중국 문헌에는 백악관 경호원은 가까운 건물(회인당이라는 설이 있지만 수영동과는 떨어져 있다)에서 대기하도록 명령을 받았다고 되어 있고, 미국식 표현으로는 '대통령 행방불명'의 순간이 발생했다고 한다. 또한 닉슨은 마오쩌둥에게 직책이 기재되어 있지 않은 명함을 건넸다고 하는데, 미국 측 문헌에는 그러한 기록은 없다. 닉슨은 무엇을 위해서 명함을 건넸던 것일까?

3) 중·일 정상회담: 마오쩌둥을 기다리게 한 다나카 가쿠에이

닉슨 방중 7개월 후인 1972년 9월 25일 다나카 가쿠에이가 방중했다. 이날은 베이징의 하늘이 맑아 전용기인 일본항공의 학(鶴) 마크의 날개가 멋지게 번쩍였다. 베이징 공항에 마중을 나왔던 사람들은 닉슨 방중 때와 마찬가지로 저우언라이와 예젠잉이었다. 닉슨의 경우에는 도착해서 바로 마오쩌둥과의 회견이 준비되었지만, 다나카 가쿠에이의 경우에는 갑작스럽게 회견이 마련되어 그는 식사를 중단한 채

중난하이의 마오쩌둥 관저로 향했다. 당초 중국 측은 다나카 가쿠에이와 오히라 마사요시(大平正芳) 외상(外相) 2명만을 지명했는데, 다나카 가쿠에이는 니카이도 스스무(二階堂進) 관방장관(官房長官)의 동석을 요구했다고 한다. 또한 중국 측은 일본 측 실무자 및 경호원의 동석을 인정하지 않았다. 니카이도 스스무의 회고록「일·중 국교 비화, 중난하이의 하룻밤(日中國交秘話 中南海一夜)」(『오히라 마사요시 정치적 유산(大平正芳 政治的遺産)』에 수록되어 있음)을 토대로 해서 당시의 모습을 소개해보도록 하겠다.

중난하이의 문을 통과한 이후 한참을 가자 오래된 목조건물이 있었고 승용차는 거기에서 멈추었다. 그곳은 마오(쩌둥) 주석의 사무소였다. 마오 씨는 현관 앞에서 우리를 기다렸다. 모두가 거기에서 '와우'라는 인사말을 하며 악수했는데 다나카 씨는 입을 열자마자 바로 '잠시 화장실을 다녀오겠습니다'라고 해 가운데로 안내해주었다. 다나카 씨가 나올 때까지 마오 씨도 기다렸다. 그곳에서 이끌려져 가게 된 곳은 서류가 한가득 있고 서랍이 많이 있는 방이었다 …….

중·일 쌍방의 자료에 따르면, 1972년 9월 27일 오후 8시 마오쩌둥과의 역사적 회견 공지는 갑작스러운 것이었다. 그런데 다나카 가쿠에이가 머물렀던 댜오위타이 국빈관에 저우언라이가 마중을 나왔다는 설이 있는 반면, 그렇지 않다는 설도 있다. 니카이도 스스무가 말하는 '중난하이의 문'이 어떤 문을 지칭하는지도 확인할 수 없다. '신화문'일 가능성이 있지만, 필자가 보기에는 아마도 '서문'일 것이다. 또한 회고록에서 언급된 '오래된 목조건물'은 '수영동'을 지칭하는 것으로 생각되고, '방'은 닉슨과의 회담에 사용했던 서재였을 것이다.

다나카 가쿠에이가 마오쩌둥과 황급히 인사만 하고 화장실을 빌렸다는 일화는 니카이도 스스무의 회고록 외에 중국 측 문헌에는 나오지 않는다. 정치 수뇌의 행동거지를 상세히 전하는 것이 실례라는 배려라고도 생각된다. 국교 수립 관련 교섭이 클라이맥스를 넘자 기분 좋게 연회에서 마오타이주(茅苔酒)를 마셨다는 다나카 가쿠에이다운 일화이다. 그 후 과거 중국에 대한 침략을 둘러싼 '사과 발언' 논쟁(일본 측의 '뜻하지 않게 손해를 끼치게 되었습니다'라는 사과 방식이 너무 가볍다며 중국 측에서 맹렬하게 반발했던 것)을 듣게 되었던 마오쩌둥은 입을 열자마자 "다 떠들었는가?"라고 발언했고, 이로써 중난하이에서의 중·일 정상회담이 시작되었다.

4) 만년의 마오쩌둥

중·일 정상회담을 마친 마오쩌둥은 1976년까지 중난하이 '수영동' 서재에서 열린 해외 정상과의 여러 회견을 정력적으로 잘 마쳤다. 1974년 5월 25일, 에드워드 히스(Edward Heath) 전임 영국 총리와의 회견에는 입원 중이던 저우언라이도 동석했다. 실은 이 회견이 암에 걸려 입원 중이었던 저우언라이에게 있어 마오쩌둥과의 마지막 동석이었다. 이 회견에는 저우언라이의 후계를 부탁받은 덩샤오핑과 '4인방' 중의 1명인 왕훙원 당 부주석도 동석했다.

이 무렵 마오쩌둥은 아직 표정도 살아 있고 사진을 통해 보이는 모습으로는 건강해 보였다. 1974년 9월 생전 44회 방문했다는 후베이성 우한에 위치한 '후베이(湖北)의 중난하이'라고 불리는 동호빈관(東湖賓館)에서 이멜다 마르코스(Imelda Marcos) 필리핀 대통령 부인과 회견했다. 또한 10월에는 고향인 후난성으로 이동해 창사에서 덴마크 전임 총리와 회견했다. 이때는 덩샤오핑이 동석했는데 왕훙원의 모습은 보이지 않았다. 이 시기는 마오쩌둥 혹은 저우언라이와 '4인방' 간에 암투(暗鬪)가 벌어지고 있던 때이기도 했다.

그러나 1975년에 들어서면서 외국 정상과의 회견을 살펴보면 마오쩌둥의 병세가 악화되는 모습을 사진으로도 확인할 수 있다(『마오쩌둥 최후 7년의 비바람 길(毛澤東 最後七年風雨路)』등). 그럼에도 같은 해 12월에는 제럴드 포드(Gerald Ford) 미국 대통령과 회견을 했고, 1976년 2월에는 닉슨과 4년 만에 재회했다. 마오쩌둥은 더 이상 1972년 2월의 극적인 닉슨 방중 시와 같이 철학 논쟁이 가능할 정도로 건강하지 않았다. 하지만 회견은 1시간 40분 동안 이루어졌다고 한다.

1976년은 중국 역사상 최악의 해였다. 1월 8일 저우언라이 사망, 7월 6일 전국인대 위원장을 역임한 주더 사망, 7월 28일 탕산 대지진이 이어졌다. 그리고 9월 9일 결국 중국의 '큰 별' 마오쩌둥이 서거했다.

당시 필자가 인상적이라고 생각했던 보도는 중국 정부가 1976년 5월 27일 베나지르 부토(Benazir Bhutto) 파키스탄 총리와의 회견을 마지막으로 "마오쩌둥 주석은 향후 외국 정상과는 만나지 않는다"라는 성명을 특별히 발표했던 일이다. 그 누구라도 마오쩌둥의 병세 악화와 사망을 예감할 수 있도록 만든 것이었다. 그럼에도 서거하기 2개월 전, 마오쩌둥의 강렬한 바람으로 고향 후난성으로 귀향하는 것을 정치국 회의에서 결정했고 9월 15일에 항공기로 이동(철도에 의한 이동은 무리였음)할 예정이었다고 한다. 하지만 그 바람도 허망하게 마오쩌둥은 9월 9일 오전 0시 10분 향년 82세로 파란만장한 생애를 마쳤다.

2. 비극의 국가주석 류사오치와 중난하이

1) 류사오치 일가의 비극

1966년 문화대혁명이 발발할 때까지 국가주석의 지위에 있었던 류사오치는 1949년부터 중난하이에 거주했다. 주거지는 여러 차례 이동했는데 최초에는 정곡 내부의 만랑[卍廊, 만자랑(卍字廊)], 다음은 서루, 마지막은 복록거였다. 류사오치 일가는 부인 왕광메이, 자녀 6명, 왕광메이 모친 등으로 중국 요인들 중에서도 대가족이었다. 다만 자녀 2명은 당시 소련에서 유학중이었다.

1966년 류사오치가 자녀들을 데리고 중난하이를 산책하던 중 함께 찍은 사진이 있다. 류사오치와 왕광메이 부부가 막내 딸 샤오샤오(小小)와 손잡고 즐거운 표정으로 산책하고 있다. 이것은 문화대혁명으로 류사오치 일가를 습격한 비극의 전야이자 최후의 휴식 시간이었다. 중난하이에 불어닥친

중난하이를 산책하는 류사오치와 부인 왕광메이, 막내딸 샤오샤오

자료: 『류사오치를 기념하다(紀念劉少奇)』.

문화대혁명의 태풍으로 조반파(造反派)는 류사오치를 거침없이 몰아쳐, 1967년 9월 왕광메이는 체포되었고 자녀들은 중난하이에서 추방되었으며 류사오치만 중난하이에 남았다.

당뇨병을 앓는 류사오치에 대한 홍위병의 추급은 멈추지 않고 계속되어 병의 상태는 더욱 악화되었다. 또한 그는 조반파의 방해로 인해 충분한 치료도 받지 못한 상태로 허난성 카이펑(開封)으로 보내져, 1969년 11월 12일 뜻을 이루지 못하고 비극적으로 사망했다. 향년 71세였다. 문화대혁명 시기 국가 지도자 대부분이 홍위병과 문화대혁명을 지지했

던 장칭(마오쩌둥의 부인), 캉성 등 문혁파의 공격 대상이 되었다. 그리고 류사오치와 마찬가지로 펑더화이도 고인이 되었는데, 병원에서 충분한 간호를 받지 못한 상태로 사망했다(사인은 직장암(直腸癌)이었다).

왕광메이의 친모[둥제루(董潔如)]도 체포되어 감옥에서 사망했다. 이 기간 류사오치 가족은 뿔뿔이 흩어졌고 서로의 소식을 파악하지 못한 상태로 세월만 흘렀다. 서태후의 60세 생일을 경축해 건축한 것으로 알려진 '복록거'라는 이름의 주거지도 류사오치 일가에게 '복을 가지고 오지는' 못했다.

2009년 5월 필자가 후난성 창사에 출장갔을 때 마오쩌둥과 류사오치의 옛 주거지를 방문했다. 마오쩌둥의 옛 주거지는 끊이지 않고 참관자가 줄을 잇는 것에 반해, 류사오치의 옛 주거지는 한산했고 방문하는 사람도 적었다. 명예 회복을 했다고 해도 류사오치와 마오쩌둥의 역사적 평가의 차이를 생생하게 보여준 사례로 생각된다. 마오쩌둥과 류사오치는 동향 출신이었고 최후의 회견(1967년 1월 13일)에서 마오쩌둥은 류사오치에게 "건강을 돌보며 학습하도록"이라고 조언했지만, 홍위병의 공격은 느슨해지는 일 없이 류사오치의 상황은 악화되기만 했다. 바로 이때 마오쩌둥이 류사오치에게 했던 조언 자체가 문화대혁명의 수수께끼이자 역사의 수수께끼이다.

2) 왕광메이와 취명장빈관

(1) 일본풍으로 개조된 취명장빈관

2012년 3월 필자는 베이징 출장 때 취명장빈관(翠明庄賓館)에 숙박했다. 이곳은 고궁과 가까운 곳에 있다. 이 빈관의 이름은 왕광메이의 전기(傳記)에 나오는데 1978년 왕광메이가 석방되어 한동안 머물렀던 곳이다. 필자는 그 사실을 확인하기 위해 취명장빈관에 체류했던 것이다.

취명장빈관은 풍격(風格) 있는 중국풍 건물로 영문 명칭인 '제이드 가든 호텔(Jade Garden Hotel)'이라는 이름처럼 관내가 녹색으로 통일되어 있고 조용하고 소적한 호텔이다. 건물 내부의 각 소(所)에는 취명장의 역사를 말해주는 사진과 게시물이 전시되어 있는데, 실로 '흥쇠영욕(興衰榮辱)'의 역사를 간직한 곳이다. 이곳은 1949년 해방 시 중공군(中共軍)의 주둔 장소였다. 그 후 중국공산당 중앙조직부의 초대소가 되었고, 1999년부터 일반 호텔로 내외 여행자에게 개방되고 있다.

그러나 게시물에 소개되지 않는 사실이 있다. 취명장빈

관을 나올 때 우연히 『취명장(翠明庄)』이라는 해설서를 입수했다. 이 책에 따르면 1937년 9월 '노구교(盧溝橋) 사건'으로 화북을 제압한 일본군은 1938년 1월 베이징[당시에는 '베이핑(北平)'이라고 불림]에 입성해 주둔군 사령부를 설치했다. 사령부를 따라 일본의 군인, 상인 등이 대량으로 입경했다. '취명장'도 일본군에 접수되어 고급 일본여관으로 이용되었는데, 1941년 일본에서 발행된 『베이징 안내기(北京案內記)』에는 '취명장'은 고급 여관 중 하나로 소개되어 있다. 숙박료는 '7엔에서 32엔'으로 다른 여관에 비해 약 3배 정도 비쌌다. '32엔'은 당시 일본에서 대졸 은행원 초임 봉급 70엔의 약 절반에 해당했으므로 얼마나 고급이었는지를 알 수 있다.

이곳에 투숙했던 사람들 중에는 루쉰(魯迅)과도 친교가 있었던 가인(歌人)이자 시인인 쓰치야 분메이(土屋文明)가 있었다. 쓰치야 분메이가 쓴 여행기에 따르면 "이 숙소는 베이징에 있는 일본 호텔 중 최고급 숙소에 해당하며 이곳의 오카미(女將: 호텔의 여주인)는 『단가중원(短歌中原)』에 함께 뜻을 모았던 스에요시 도모에(末吉友江)였다"라고 한다.

'취명장'의 역사를 소개하는 게시물에 왜 일본 지배 시대의 소개가 없는지는 명확하지 않지만, '취명장'은 중국식 건물을 일본인이 여관으로 개조한 것에서 시작된 것으로 보인다. 당시 방의 수는 41개였지만 현재는 122개이다.

(2) 출옥 후의 왕광메이

왕광메이는 1967년 9월 중난하이에서 체포되어 11월 베이징 친청(秦城) 감옥으로 보내졌다. 그녀의 가족은 그녀의 행방을 알지 못했고 장남 류위안이 마오쩌둥에게 직접 호소해, 결국 1972년 9월 모자는 5년 만에 감옥에서 재회했다. 하지만 실제로 모자가 서로 포옹하기까지는 추가로 6년의 세월이 더 필요했다.

왕광메이는 명문가 출신의 자녀이면서 강인한 정신력을 지닌 당원이기도 했는데, 언젠가는 자녀들과 만나게 될 것이라는 신념으로 몸을 단련하고 옥중 생활을 견뎌냈다. 결국 옥중 생활은 12년에 달했고 왕광메이는 '개혁·개방' 결정에 따라 1978년 12월 22일 마침내 석방되었다. 출옥한 이후 왕광메이가 머물렀던 최초의 숙소는 중앙판공청의 초대소[현재의 진타이반점(金台飯店)]였는데, 그 후 이주했던 곳이 바로 취명장빈관이었다. 당시 당 중앙조직부장은 후야오방이었는데 그의 배려였다. 여기에서 왕광메이는 자녀들과 실제로 재회를 이루었다.

왕광메이에게 취명장은 32년 전인 1946년 중공 군사대표단의 통역 일원으로서 체류하면서 새로운 시작을 했던 장소로서의 추억이 있다.

베이징의 명문 대학 푸런대학[輔仁大學, 현재의 베이징사범대학(北京師範大學)]에서 물리학 석사 학위를 취득한 왕광메이는 미국 유학 결정을 뒤집고 지하 운동에 참여했다. 그 후 중공군의 영어 통역원으로 취명장 주둔지에 파견되었던 것이다. 당시 사령관은 예젠잉(이후 베이핑 시장, 군사위원회 부주석)이었다. 왕광메이가 미국으로 유학을 갔더라면 중국 역사는 크게 변했을지도 모른다. 왕광메이가 출옥 후 다시 이곳을 기점으로 삼았던 것은 역사의 인연을 생각나게 하지 않을 수 없다.

2003년 10월 왕광메이는 세 번째 취명장 방문을 이루게 되었는데 이것이 마지막이었다. 그리고 만년에는 손자들에게 둘러싸여 행복한 나날을 보냈는데 2006년 10월 14일 베이징 305의원에서 향년 85세의 나이로 서거했다.

3. 저우언라이와 서화청

1) 저우빙더가 본 저우언라이

저우언라이와 덩잉차오 사이에는 자녀가 없었다. 그 때문에 몇 명의 양자를 맞아들였다. 국무원 총리와 전국인대 상무위원장을 역임한 리펑도 그 양자들 중의 1명이라고 전해지는데, 리펑이 저우언라이 부부와 함께 중난하이에서 지냈다는 기록은 없다.

저우언라이 부부와 중난하이에 함께 거주했던 사람은 친척인 조카딸이고 그중 한 사람이 저우빙더(周秉德, 2015년 기준 73세로, 전국정협 전임 위원)이다. 저우빙더는 12세부터 중난하이에서 살며 저우언라이 부부를 곁에서 봐왔던 친족 중 1명이다. 2007년 4월 필자의 친구를 통해 저우빙더와 베이징에서 만나게 되었다. 『나의 백부 저우언라이(我的伯父周恩來)』의 저자인 저우빙더는 소녀 시절 그대로 미인이었고, 또한 예상했던 대로 명망가 출신다운 모습을 한 세련된 부인이었다.

저우빙더는 저우언라이의 친동생인 부친 저우언타오(周恩濤)와 모친 왕스친(王士琴) 사이에서 태어난 자녀들 6명 가

저우언라이의 조카딸 저우빙더(2007년 4월, 베이징 귀빈루에서 촬영한 사진으로 가운데 여성이 저우빙더, 왼쪽이 필자)

자료: 필자(2007.4).

운데 장녀이자, 저우언라이의 조카딸이었다. 그녀는 톈진(天津)에서 소학교를 졸업하고 중학교는 베이징을 지망했기 때문에 백부 저우언라이가 보증인이 되어 저우언라이의 집이 있는 곳, 즉 중난하이에 더부살이하는 몸이 되었던 것이다. 중난하이에서는 마오쩌둥의 딸 리나, 리민 등과도 친하게 지냈고 생전 마오쩌둥과 몇 차례 만난 적이 있다. 저우빙더는 12세부터 중난하이 자택에서 베이징사범대학 부속 여자중학교로 통학했고, 1964년 군인 선런화(沈人華)와 결혼해 시안(西安)으로 이주할 때까지 15년 동안 중난하이에 거주했다. 저우언라이를 친족의 일원으로서 지켜봐왔던 동시에 마오쩌둥 및 중난하이 역사의 산증인이다.

저우언라이 부부의 생활은 소박했다. 저우언라이의 비서가 낡아서 구멍이 뚫린 수건을 새롭게 교체하거나 총리가 머물고 있는 방의 양탄자를 교체하려 할 때도, 그는 그럴 필요가 없다면서 교체 비용은 스스로 지불했고 공비(公費)를 쓸데없이 사용하지 말라고 그의 비서들에게 엄중하게 주의를 주었다고 한다. 1960년대 저우언라이의 급료는 400.8위안, 부인의 급료는 347.5위안, 합쳐서 750위안 남짓이었다. 당시는 국가 경제가 어려웠기 때문에 특히 절약을 장려했지만 주치의 등 주변 사람에 대한 지원은 아끼지 않았다고 한다. 저우언라이의 이러한 자세는 류사오치 일가의 생활 모습에서도 엿볼 수 있다.

2) 해당화로 가득한 서화청

(1) 국무원의 상징

매년 4월이 되면 중난하이에는 해당화(海棠花)가 어지럽게 핀다. 이 꽃은 장미과에 속하며 '화해당(花海棠)'이라고 일컬어지기도 한다. 중국이 원산지이고, 모란(牧丹)과 함께 중국인에게 사랑받는 식물로서 중난하이에 광범위하게 번식하고 있다. 특히 저우언라이의 공관이었던 서화청 주변에 많이 피어 있는데, 저우언라이 부부는 해당화를 좋아했다.

중난하이에 관한 자료에는 마오쩌둥 다음으로 저우언라이의 서화청에 대한 것이나 주위 사람들이 소개한 저우언라이 관련 '일화'가 많다. 우선 건국 초기 저우언라이 부부는 마오쩌둥과 마찬가지로 풍택원에 거주했다. 그 후 여생을 보낸 서화청으로 이주했는데, 그곳이 국무원 사무실, 총리 관저(자광각)에도 가깝기 때문이라는 것이 중요한 이유였다. 서화청은 중난하이의 북서쪽 일각에 위치해 있으며, 문진가 북문과 가깝다. 서화청의 도로를 끼고 맞은편에는 동화청(東花廳)이 있는데 이곳은 리셴녠의 공관이었다.

문화대혁명 시기 서화청은 '향양청(向陽廳)'으로 이름이 변경되었다가 1978년부터는 다시 '서화청'으로 바뀌었다. 이곳은 류사오치의 '복록거'와 달리 문화대혁명 시기에도 홍위병의 공격을 받지 않았으며, 저우언라이 부부의 주거지로서 지금까지 국무원의 상징으로 역사를 간직하고 있다. 서화청은 현재도 저우언라이 총리 시절 상태로 보전되고 있으며, 저우언라이 탄생 및 사후 기념행사 등이 이루어지는 것 외에 국내의 특정한 사람에 한정해 참관을 허락하고 있다.

과거에는 외국인의 방문도 있었는데, 일본에서는 1984년 가을 후야오방 주석 시절 '중·일 청년 우호 교류 300인 방문단' 대표 100명이 당시 서화청에 머물고 있던 덩잉차오 부인을 방문한 것 외에, 저우언라이와 친밀했던 창가학회의 이케다 다이사쿠(池田大作) 회장도 이곳을 방문했다.

(2) 문화대혁명 시기의 저우언라이

저우빙더에 의하면, 매년 해당화의 계절을 맞이하면 서화청에 친족이 모여 저우언라이 부부를 추도한다고 한다. 마오쩌둥 다음가는 건국의 지도자인 저우언라이에 대한 평가는 다양하다. 마오쩌둥 외의 지도자가 연달아 실각하고 중난하이에서 쫓겨나는 몸이 되는 가운데, 유일하게 저우언라이만이 문화대혁명을 극복하고 중난하이에 머물렀던 것은 역사의 불가해한 점이다. 그것은 문화대혁명 시기의 마오쩌둥이라는 인간을 이해할 수 없게 만드는 것은 물론, 결국 문화대혁명 그 자체가 도대체 무엇이었는지 잘 알 수 없게 한다.

1974년 11월 필자는 처음으로 중국을 방문했다. 그때 일어났던 사회운동이 '비림비공(批林批孔, 린뱌오(林彪)와 공자(孔子)를 비판하는 운동)'이었다. 그런데 후에 이 운동은 4인방이 획책한 저우언라이에 대한 비판 운동으로서 마오쩌둥의 지지를 받았던 것은 아니었고, 4인방 특히 장칭(마오쩌둥의 부인)의 저우언라이에 대한 원념(怨念)이었다고 말할 수도 있는 개인적 야망에 의한 운동이었다.

문화대혁명은 1966년부터 1976년까지 10년 동안 일어났는데, 전반기는 마오쩌둥과 류사오치·덩샤오핑의 대립, 후반기는 4인방과 저우언라이·덩샤오핑 간의 권력쟁탈 투쟁이었다고 말할 수 있다. 그런데 마오쩌둥과 저우언라이 사이에는 류사오치와 같은 "개인적인 감정은 없었다"[다케우치 미노루(竹內實), 『마오쩌둥(毛澤東)』]라고 하므로, 대립도 없었고 그래서 저우빙더가 증언한 바와 같이 저우언라이가 잘 처신했다(『저우언라이 비록(周恩來秘錄)』)는 비판은 맞지 않을지도 모른다. 하지만 이 점도 마오쩌둥의 류사오치에 대한 생각과 마찬가지로 확인할 수 있는 방법이 없다.

4. 세 차례 중난하이를 출입했던 덩샤오핑

1) 풍택원과 덩샤오핑

(1) 중난하이 입주에 대한 저항감

많은 건국 지도자가 중난하이에 거주했다는 기록이 있는 가운데, 덩샤오핑이 장기간 중난하이에 거주했다는 기록은 결여되어 있다. 건국 직후에는 거주했던 듯한데, 장소는 풍택원 내부의 사합원으로 마오쩌둥의 국향서옥 부근이었다. 덩샤오핑 외에 류사오치, 저우언라이, 주더, 펑더화이 등 당시 정치국원급 요인은 일반적으로 중난하이에 처소를 마련했다.

마오쩌둥은 황제 어원이었던 중난하이 입주를 꺼렸다. 한편, 덩샤오핑은 현대의 황제인 마오쩌둥과 같은 부지에 거주하는 것을 꺼렸던 것은 아닐까? 특히 그는 문화대혁명에서 추방되었던 몸이었다. 에즈라 보걸(Ezra Vogel)의 책『덩샤오핑 평전(Deng Xiaoping and the Transformation of China)』에 따르면 1969년 10월 덩샤오핑 일가는 그때까지 10년 동안 거주했던 중난하이를 떠나 장시성(江西省)으로 이송되었다. 당시 중·소 대립으로 국제정세가 긴장되는 가운데 중국은 마오쩌둥, 저우언라이를 제외하고 주요 간부에 대한 지방으로의 분산 이주를 실시했다. 주더와 둥비우는 광둥성, 예젠잉은 후난성, 네룽전(聶榮臻)은 허난성, 그리고 왕전(王震), 천윈, 덩샤오핑은 장시성으로 각각 보내졌다.

(2) 세 차례의 실각

덩샤오핑이 중난하이에 거주했던 시간이 짧았던 이유는 세 차례의 실각과 관련이 있다. 덩샤오핑은 1967년 문화대혁명으로 실각해 가족과 함께 1969년 10월 장시성 난창(南昌)으로 하방되었고, 난창 근교의 농촌 기계 공장에서 땀을

흘리며 일했다. 그는 류사오치와 달리 병원으로 이송된 적
도 없고 가족과 '청경우독(晴耕雨讀)'하며 나름대로 평화로운
나날을 보내면서, 정치적 부활을 위한 영기(英氣, 영웅의 기운)
를 배양했다.

　1973년 덩샤오핑이 베이징으로 돌아왔을 때의 숙소는 베
이징 내관가(內冠街)에 위치한 낡은 주택이었다고 한다
(『덩샤오핑(鄧小平)』). 그런데 보걸에 따르면 중앙은 중난하이
의 덩샤오핑 공관을 그 상태로 남겨두었다고 한다. 1976년
4월 '톈안먼 사건'으로 세 번째로 실각(1933년, 1967년, 1976년)
한 덩샤오핑은 또다시 중난하이에서 추방되어 시내 동교민
항 17호루로 유폐되었다. 이 일대 지역은 앞에서 언급한 바
와 같이, 제2차 세계대전 시절 외국의 공사관 건물들이 들
어서 있던 거리였고, 마오쩌둥 사후 당 주석에 취임한 화궈
펑의 공관이 있던 곳이었다. 그 후 덩샤오핑은 그의 마지막
주거지가 마련되어 있던 지안문(地安門) 방향으로 이동했다.

2) 지안문대가: '제2의 중난하이'

(1) 지안문의 덩샤오핑 자택

　1973년 덩샤오핑은 부총리로 부활해 당시 암에 걸려 치

료받던 저우언라이를 대신해 국무원을 이끌었다. 덩샤오핑의 집무실은 중난하이에 있었는데, 그의 공관은 덩샤오핑 일가가 대가족이었던 점을 고려해 지안문 부근으로 이동했다. 덩샤오핑 부부에게는 '3여 2남'이 있었고 각각 배우자와 자녀들을 합쳐 17명, 간호사, 요리사, 운전수 등을 포함하면 총 30명 정도에 이르렀다. 덩샤오핑 일가는 문화대혁명 시기에는 흩어졌지만, 그 후 '사세동당(四世同堂)'과 같은 일가로서 지안문대가(地安門大街)에 위치한 저택에 거주하게 되었다. 사진으로 보면 해당 저택은 넓은 정원과 큰 건물로 구성되어 있다.

지안문의 덩샤오핑 자택은 사저인 동시에 '제2의 중난하이'로 일컬어지기도 했다. 정치국 회의와 정치국 확대회의가 빈번하게 열렸기 때문이다. 특히 1989년 5월 17일 덩샤오핑 자택에서 열린 정치국 상무위원회 확대회의에서 자오쯔양(趙紫陽) 총서기 해임과 장쩌민 총서기 취임, 베이징시에 대한 계엄령 공포 등 중대한 결정이 모두 이루어졌다.

(2) 실각 후의 자오쯔양

자오쯔양은 5월 19일 미명에 톈안먼 광장에서 시위하는 학생을 격려하며 사죄한 것을 마지막으로 실각했다. 공식적으로는 6월 23일 개최된 13기 4중전회에서 자오쯔양의 해임과 장쩌민의 총서기 취임이 결정되었다. 그 후 자오쯔양은 2005년 1월 사망할 때까지 베이징 시내 중심부의 '부강골목(富强胡同)' 6호 자택에 연금(軟禁)된 상태로 한평생을 보냈고 연금은 끝까지 해제되지 않았다. 다만 취미인 골프를 즐길 정도의 외출은 허락되었던 듯한데, 베이징의 골프장에는 자오쯔양이 실각한 후에도 명예 회원으로서 그의 명패가 남아 있었다. 골프장에서 자오쯔양을 보았다는 일본인도 있었다.

자오쯔양의 장례식에는 후진타오 등 당시 정치국 상무위원이 출석하지는 않았지만, 당중앙이 주최했으며 간부 전용 묘지인 팔보산(八寶山)에 매장되었다. 이른바 '절반의 명예회복'이라고 말할 수 있는데, 그의 가족 및 친구 등은 '완전한 명예회복'을 계속해서 요구하고 있다. 그리고 현재 '6.4 사건(톈안먼 사건)'의 재검토와 자오쯔양의 명예 회복을 요구하는 목소리도 흘러나오고 있는데, 이와 관련된 평가는 차세대 리더에게 맡겨져 있다.

5. 개혁파 지도자 후야오방의 인생과 중난하이

1) 중난하이의 공관을 개방한 지도자

중난하이에 거주했던 요인 가운데 가장 개방적이었던 사람은 후야오방이었는데 당시 직책은 당중앙 총서기였다. 문화대혁명이 종료된 후 1976년 덩샤오핑의 조수로 복귀했고 화귀평을 계승하며 당 주석(후의 총서기)에 취임해 대담한 개혁에 착수했다. 후야오방은 중·일 관계에서도 나카소네 야스히로나 작가 야마사키 도요코(山崎豊子), 솔즈베리 등을 중난하이의 공관으로 초대하는 등 전례 없는 일을 대담하게 추진했다. 하지만 이것은 1987년 1월 그가 총서기에서 해임(후야오방이 스스로 사임을 신청하는 형태를 취했지만 실질적으로는 해임이었다. 뒤에서도 해임이라고 하겠다)되는 원인 중의 하나가 되기도 했다.

후야오방과 나카소네 야스히로는 양국 지도자로서 친교 관계를 맺었을 뿐 아니라, 나카소네 야스히로는 "후야오방은 『삼국연의(三國演義)』의 등장인물처럼 영웅적 요소를 갖고 있고 도량과 시야 역시 넓었다"라고 평하며, 두 사람은 형제처럼 지냈던 동료였다고 회고했다.

1984년 3월 나카소네 야스히로가 방중했다. 그 당시 나카소네 야스히로는 중난하이의 후야오방 공관에 초대되었다. 1983년 11월 방일한 후야오방을 가족처럼 대우한 것에 대한 답례였다. 그때 두 정상의 제안으로 중·일 관계를 장기적으로 전망하는 '중·일 우호 21세기 위원회'가 발족했다. 이것은 후야오방과 나카소네 야스히로가 "향후 중·일 관계는 외교적 수사가 아니라 진심으로 서로 대화할 수 있는 채널을 만들 필요가 있다"라는 취지 아래 만들어졌다. 그리고 현재까지도 매년 중·일 상호 간에 계속해서 개최되고 있으며 중국 전문가 외에 문학, 의학 등 다양한 분야로 구성되는 양국 위원들 산에 대화가 지속되고 있다.

2) '대지의 아들'과 후야오방

"후야오방 씨와 다시 한번 만나고 싶다."

베스트셀러 『대지의 아들(大地の子)』의 저자 야마사키 도요코는 후야오방과 친교가 있었다. 그녀는 중국에서의 취재와 관련해서 후야오방으로부터 전면적인 협력을 얻은 것 외에 세 차례나 중난하이 내부의 공관에 초대되었다.

그녀의 저서 『'대지의 아들'과 나(「大地の子」と私)』에 따르

면 최초의 초대는 1984년 11월 29일이었다. 당시에는 나카에 요스케(中江要介) 주중 일본 대사도 동석했다. 중난하이는 서문을 통해서 들어갔다고 기록되어 있는데, 공관의 구체적인 장소는 기재되어 있지 않다("넓고 커다란 소나무 숲에 둘러 쌓인 후야오방 씨 공관"이라고 되어 있다). 두 번째 초대는 1985년 12월 7일이었는데 이번에도 서문으로 들어가서 초대를 받은 장소는 "근정전의 공관"이라고 기록되어 있다. 근정전은 제1장에서 소개한 바와 같이 당 중앙서기처 집무실이 있는 곳이다. 그리고 세 번째 초대는 1986년 10월 2일로 이번에도 근정전이었고 총서기로서의 집무실과 공관이 함께 있었던 곳으로 여겨진다. 세 번째 회견 시 후야오방이 했던 말은 의미심장했다. "향후에는 아마도 만날 기회가 없을 것 같습니다"라며, 일찍이 자신의 운명을 예고하는 듯한 발언을 했다. 1978년 1월 후야오방은 총서기 지위에서 내쫓겼다.

야마사키 도요코의 "후야오방 씨와 다시 한번 만나고 싶습니다"는 이 책에 수록되어 있는 한 절의 제목이고 야마사키 도요코의 심정을 토로한 것이다. 하지만 원래 1989년 4월 15일 후야오방 사망 직후 내걸린 학생의 추도 횡단막에 "우리는 다시 한번 (후)야오방을 우러러보고 싶다"라고 기록되어

있었다고 한다. 후야오방과 다시 한번 만나고 싶다는 생각
은 1989년 4월 21일 조문이라는 예상하지 못한 형태로 실현
된 것이다. 이번에는 중난하이가 아니라 베이징 시내의 사
저였다. 야마사키 도요코에 따르면 해당 사저는 부강 골목
6호의 깊숙한 곳에 있었다고 한다.

부강 골목은 자오쯔양의 주거지로 알려져 있다. 후야오
방의 사저는 중난하이 안쪽 남장가의 회계사(會計司) 골목에
있는데 현재 후야오방의 부인 등이 거주하고 있다(『골목의
기억』). 야마사키 도요코의 기억이 틀린 탓이었을까, 부강
골목의 집은 총서기에게 제공된 주거지로서 후야오방의 뒤
를 이은 자오쓰양이 거주했는데, 후야오방 일가는 자오쯔
양에게 집을 내어주고 회계사 골목으로 이전했을 가능성도
있다.

3) 후야오방의 묘지

후야오방의 장례는 국장에 가까운 형태로 거행되었는데,
그는 1989년 4월 사망에 이르기 전 2년 동안 실의에 빠져
있었다. 필자에게도 1987년 1월 16일 후야오방의 '총서기
해임 사건'은 인상 깊었다. 당시 새해를 맞이한 지 얼마 되

지 않았는데 중국 정세는 혼란스러워졌다. 당시 일본의 한 신문사에서 "중국 정세를 점친다"라는 연재를 시작했는데, 제2회 연재분에서 필자의 "후야오방은 정치적 병환(病氣, 실각)의 가능성이 있다"라는 언급이 게재될 예정이었다. 하지만 같은 날 오후 7시 뉴스에서 후야오방 해임이 보도되었던 것이다. 준비했던 연재분의 전송은 중지되고 새로운 사실에 입각한 언급으로 바뀌어 이튿날 조간신문에 게재되었는데, 이미 도후쿠(東北) 지방에는 수정되지 않은 형태의 제1판이 그대로 게재되었다.

총서기에서 해임된 후야오방은 정치국 상무위원에 유임되었고 당내 개혁을 계속해서 호소했다. 그렇지만 1987년 11월에 개최된 중국공산당 13기 1중전회에서 정치국원으로 강등(降等)되었다. 후야오방은 1989년 4월 15일 사망 직전 정치국 회의에서 열변을 토한 직후 심근경색으로 쓰러졌다. 그 후에 일단 의식을 되찾았지만, 제2회째 발작으로 결국 사망했다. 이러한 후야오방의 사망은 학생들을 움직이게 만들어 '제2차 톈안먼 사건'으로 발전했다.

후야오방은 양복을 앞서서 착용했고 포크와 나이프를 사용했으며 합리적인 일은 무엇이라도 받아들일 줄 아는 개혁적이며 합리적인 지도자였는데, 그것이 좌파 경향의 원로들로부터 비판받아 실각으로 연결된 것이다.

후야오방의 묘는 중국의 지도자를 위한 전용 묘지인 베이징의 팔보산 공묘(公墓)가 아닌 장시성의 궁칭청(共靑城)에 있다. 이곳은 중국공산주의청년단(공청단) 소속 단원들이 개간(開墾)에 참여했으며, 그 후 후야오방도 3차례 방문했는데 훗날 이곳은 궁칭청시(共靑城市)가 되었다. 부인 리자오(李昭)의 뜻에 따라 후야오방의 묘는 이곳에 조성되었다. 묘지의 양쪽에는 후야오방의 73년 동안의 생애와 연계해 73개의 석단(石段)이 쌓여 있는데, 바로 그곳에 후야오방이 깊이 잠들어 있다.

6. 중난하이의 생활 모습

1) 간부의 급료 수준

(1) '격차'는 10배 이상

1960년대 초 중국 경제는 마오쩌둥이 추진한 '대약진'의 실패로 비참한 상황에 빠졌다. 마오쩌둥은 스스로 '감봉'을 제안했고 월급을 590위안(1급)에서 404.8위안(2급)으로 삭

감했다. 이러한 조치에 류사오치, 저우언라이, 주더 등 다른 국가 지도자도 따르지 않을 수 없었다. 당시 간부의 급여 체계는 24급제였으며, 45위안부터 590위안까지의 폭이 있었다. 다른 자료에 따르면, 1976년 총리에 발탁된 화궈펑(당시 정치국원 및 부총리, 이후 당 주석이 되고 '4인방' 추방에 공헌하기도 했지만 최후에는 '실각')의 급료는 200~300위안이었다고 한다. 과거 화궈펑의 공관을 이어받으며 부총리를 역임했던 지덩쿠이의 아들이 출간한 회고록(『지포민의 중난하이 옛일 회고(紀坡民憶中南海往事)』)에 따르면, 지덩쿠이의 당시 급료는 9급 수준이었고 화궈펑과 마찬가지로 약 200위안, 부인은 13급으로 170위안이었다고 한다. 당시 일반 노동자의 임금은 40위안 정도였는데, 이러한 노동자나 일반 공무원과 고급 간부 간의 '격차'는 10배 이상이었다고 말할 수 있다.

그러나 '격차'는 이것에 그치지 않는다. 정치국원 이상의 간부에게는 주거지(대형 사합원의 집세는 40위안 미만)가 제공되고 요리사와 운전수 등도 파견된다. 생활용품, 에어컨 등도 국가에서 지급되기 때문에 제공되는 급여는 그대로 가처분 소득이 된 것으로 여겨진다. 이에 더해 중국의 간부 사회도 '맞벌이'인데, 마오쩌둥의 부인이자 '4인방'의 한 사람으로서 악명이 높았던 장칭의 급료는 340위안이었으며,

류사오치의 부인 왕광메이의 급료는 200위안 미만이었다고 한다. 또한 식료품 구입 등에서도 간부의 특권이 온전히 발휘될 수 있었던 것으로 보이는데 쌀, 기름 등 양질의 물품을 값싸게 입수했음에 틀림없다. 그럼에도 자식이 많은 류사오치와 주더의 가정 형편은 어려웠다고 과거 그들의 비서진 등은 말하고 있다.

(2) 류사오치와 덩샤오핑의 경우

류사오치 일가의 생활은 **빠듯**했는데 이는 가계비(家計費)를 살펴보면 알 수 있다. 부부의 수입을 합쳐 600위안 남짓, 당시 수준으로는 낮지 않았지만 대가족이라 지출도 많았다. 뤄하이옌(羅海岩) 편저의 『왕광메이(王光美)』에 따르면 지출 내역은 류사오치의 담뱃값 및 차(茶) 구입비, 친구 지원비 등 60위안, 식비 150위안, 주거 및 광열비 40위안, 조수(助手) 급료 40위안, 왕광메이의 친모 둥제루에게 120위안, 당비(黨費) 25위안 등으로 되어 있다. 또한 주거비는 낮게 설정되어 있지만 5명의 자녀들에 대한 양육비나 의복비 등의 문제로 왕광메이가 고심했다고 과거의 비서, 경호원들이 전했다. 류사오치 일가의 중난하이에서의 생활은 고되었고, 국가주석이라고 해도 아들(류위안)에게 자전거도 사주지 못했을 정도였다.

문화대혁명으로 실각하기 전까지 덩샤오핑 급료도 403위
안이었다. 1969년까지 장시성에 연금되었던 시대(당과 정부
요직에 취임하지 못했음)에는 평당원으로 농기구 공장의 노동자
에 불과했지만, 마오쩌둥과 저우언라이와 같은 수준의 급료
가 덩샤오핑에게 지급되었다고 한다. 또한 덩샤오핑의 부인
쥐린(卓琳)은 '12급 간부'로서 120위안을 받았다(『덩샤오핑』).

(3) 급여 체계 재편

중국에서는 2010년 이래 인사제도에 대한 개혁과 함께
공무원 급여 체계의 재편이 각지에서 이루어지고 있다. 중
국 현행 간부(공무원)의 등급 구분은 27급이다. 하지만 공무
원 급여 체계를 나타내는 정보는 단편적인 것밖에 없는데,
그중 한 가지는 어느 중앙기율검사위원회(中央紀律檢查委員會)
부서기(副書記, 59세)의 급료가 '5000위안(1위안 = 12엔 환산으로
약 6만 엔)이라는 정보가 있다. 앞의 등급 구분으로 보면 부
서기는 '4~8급' 간부에 해당한다. 그런데 2011년에 당시 상
하이시 당 위원회 서기였던 위정성이 어느 강연에서 자신
의 급료가 1만 1000위안(약 13만 엔)이라고 밝혔다. 정치국
원은 '2~4급'에 상당하는 간부이니 기율검사위원회 부서기

보다 높은 것은 당연하다. 이러한 맥락에서 보면 '1급'에 위치하는 전임 총서기 후진타오, 전임 총리 원자바오의 급료는 1만 5000위안에서 2만 8000위안 정도였을 것으로 추정된다. 이 급여 수준에 대한 서민들의 반응은 '의외로 낮다', '수당이 2배가량 별도로 있다', '순수한 수입이고 간부는 경비(經費)가 들지 않는다' 등 다양하다.

위정성의 급여가 1만 1000위안이라면 이 수준은 전국 제일이라는 상하이시의 2011년 최저 임금 1280위안의 8.59배에 해당한다. 양자 모두 액면가격으로 '제반 수당'을 포함하면 실제 수입은 더욱 많을 것으로 여겨지는데, '격차'는 그것뿐이 아니다.

국무원의 '인력자원과 사회보장부'가 공포한 문서(2015년 1월)에 따르면, 국가 공무원의 기본 연 수입은 최고 액수가 13만 6620위안(월수입 1만 1385위안)이다. 이것은 기존의 최고 액수보다 62%가 많은 것이다. 국가 공무원 중에 최고 지위는 말할 필요도 없이 국가주석인데, 이에 따라 시진핑의 급여가 연 수입 13만 위안에 해당된다는 것이다. 물론 전 세계의 선진국 리더들과 비교하면 현저하게 낮은 수준이지만, 각국의 사정이 있으므로 무조건 낮다고 말할 수는 없다.

월수입 1만 1385위안은 앞에서 밝힌 위정성과 비슷한 수준이다. 그렇지만 위정성의 발언은 2011년에 한 것이었고, 당시 위정성의 지위 역시 상하이시 서기(정치국원)였다. 국가주석(정치국 상무위원)과 상하이시 서기의 급료가 동등하다고는 생각되지 않지만, 중국 최고 지도자의 급여 수준이 월수입 1만 위안(2015년 3월 환율로 약 20만 엔)이라는 것은 대단히 낮은 수준이라는 것은 확실해 보인다. 그런데 중국 공무원 수입의 최저 급여 수준은 1320위안으로 최고 액수와 비교해 8.6배의 격차가 난다.

40년에 걸쳐 중국의 공무원 급여 체계는 변하고 있지만 변하지 않는 것은 간부의 오직(汚職)과 부패이다. 2011년 2월 류즈쥔(劉志軍) 철도부장의 오직 혐의로 인한 해임은 '빙산의 일각'이고, 지방 수준에서 당 간부의 부패는 눈을 돌릴 틈이 없을 정도로 많다. 마오쩌둥 시대에는 '가난함을 걱정하지 않고 동등하지 못한 것을 걱정한다'라는 당의 인식이 있었다. 그런데 지금은 격차는 방치되고 있고 당 간부의 부패도 '일벌백계(一罰百戒)'의 차원에서 적발하고 있기는 하지만, 이것도 사실상 방치되는 수준이다.

2) 마오쩌둥의 식탁

중난하이에는 주택, 사무소, 회의실 등 다양한 건물이 존재하며 적지 않은 사람들의 출입이 이루어진다.

또한 드넓은 중난하이 부지 안에는 병원, 숙소, 인쇄 공장, 레스토랑(직원 식당), 편의점(2013년 폐관) 등도 있다. 식당은 간부 일가용과 직원용 등이 있는데, 문화대혁명이 발발하기 이전에 중난하이에 거주했던 중국 요인들은 각각의 집에서 식사하는 것과 함께 간부용 식당(수영동 부근에 있음)도 이용했던 것으로 보인다. 그런데 류사오치 일가는 대가족이었기 때문에, 자택 외에 중난하이 내부의 식당을 이용했지만 식사를 배부르게 하지 못한 탓에 같은 이용자인 주더 등에게서 음식을 빌려서 해결했던 듯하다.

이와 같이 류사오치를 포함해서 당시 고급 간부의 생활은 대단히 소박했는데, 특히 1960년대 초에는 1958년 마오쩌둥이 제창한 대약진 정책('영국을 쫓아가고 추월하자' 등의 구호에서 나타난 급진적 경제성장 정책)의 실패 등으로 인해 국가 전체가 조정 국면에 들어가서 충분한 물자 조달이 불가능했다. 중난하이에 거주하던 사람들도 마찬가지였다. 류사오치 일가의 요리사는 베이징반점 출신의 '특급 조리사'였는데 그 소박한 모습에 경악했다고 술회한 바가 있다. 그런데 류사오치는 늦은 밤까지 일을 했기 때문에, 야식 비용에 대해서는 당중앙이 30위안의 보조를 했다고 한다.

'마오쩌둥의 식탁'도 기본적으로 소박했다. 마오쩌둥은 후난성 출신으로 매운 요리를 좋아했다고 한다. 하지만 1952년 가을 주치의의 권고로 측근 인사가 요리사와 상담해 백미(白米)를 내어오자, 마오쩌둥은 "가져오지 말라. 현미(玄米) 쪽이 영양이 있을 것이다. 바꿔라!"라고 질책했다고 한다.

마오쩌둥을 위시해 건국 지도자가 살았던 초창기의 중국은 실로 건국 도상(途上) 중에 있었다. 마오쩌둥의 실정(失政)이기는 했지만, '대약진' 이후 경제가 어려워지는 시기에 봉착해 간부라도 혹은 간부이기 때문에 소박한 생활을 하지 않을 수 없었다. 그리고 현재 '한 자녀 정책' 시대와 달리 간부는 자녀들과 친족이 많았다.[1] 따라서 현재 생활수준과는 엄청난 격차가 있었다고 말할 수 있다.

---

[1] 2015년 10월 29일 중국공산당 중앙위원회는 '한 자녀 정책'을 폐지하고, '모든 부부'에게 자녀를 2명까지 낳을 수 있도록 승인했다. "중국, 35년 만에 '한 자녀 정책' 폐지", ≪경향신문≫, 2015년 10월 29일 자. http://news.khan.co.kr/kh_news/khan_art_view.html?artid=201510292142181&code=970204(검색일: 2015.12.15)

제3장

중난하이의 정치
누가 무엇을 어떻게 결정하고 있는가?

1. 중국공산당 본부로서의 중난하이

머리말에서도 언급했던 바와 같이 중난하이는 당과 정부의 소재지이고 이곳에서 다양한 정책들이 결정되며, 그 결정이 국내외로 발신된다. 또한 그 결정을 하는 회의에 참가하는 당과 정부 지도자의 집무실, 당과 정부 기관 요원의 숙소, 진료소, 식당 등이 있다. 중난하이는 마오쩌둥, 저우언라이 등 최고 지도자들의 거주 장소이기도 했는데, 현재 어떤 지도자가 거주하고 있는지는 이른바 중국의 '국가 기밀'이다. 은퇴한 장쩌민이 현재도 중난하이에 거주하고 있다는 정보가 있고, 장쩌민뿐 아니라 경제 담당 부총리를 역임했던 정치국원(장쩌민과 가까운 인물)도 은퇴한 이후에 계속해서 중난하이에 사무소를 갖고 있다고 한다.

2012년 11월 중난하이의 거주자인 지도자들이 교체되었다. 5년마다 열리는 당대회를 통해서 인사가 대폭 쇄신되기 때문이다. 중국의 정치 용어로 '중난하이 진입'이라는 표현이 있다. 미국의 '백악관 진입', 일본의 '관저 진입'과 마찬가지로 중국에서 당과 정부의 중추에 들어간다는 의미이다.

이 장에서는 어떠한 인물이 중난하이에 진입했는지, 그리고 그 인물 아래 중난하이에 어떤 조직과 기관이 존재하며, 거기에서 무엇이 논의되고 무엇이 정책으로서 세계에 발신되고 있는지를 설명해보도록 하겠다.

1) 당중앙

(1) '당중앙'이란 무엇인가?

중국에는 흔히 '당중앙' 혹은 '중앙'이라는 표현이 있다. 당중앙이란 정확히는 '중국공산당 중앙위원회(중공중앙)'를 지칭하는데, 일본의 경우처럼 '중국공산당 본부'라는 간판이 중난하이 입구에 걸려 있지는 않다. 어떤 당 조직이나 기관이 중난하이에 있는지도 공표되지 않고 있다.

중앙위원회는 5년마다 교체된다. 현재 18기의 경우 중앙위원(中央委員) 및 중앙후보위원[1]의 합계는 2012년 선출 당시 376명이었는데 지금까지 3명의 중앙위원과 5명의 중앙후보위원이 해임되었고 중앙후보위원에서 3명이 중앙위원으로 승격되었다. 다만 중앙후보위원의 보충은 없어 현재의 인원수는 368명이다.

중앙위원회는 당, 군, 정부, 지방 간부 등으로 구성되어 있고 일상적으로 각 조직에서 활동하면서 중앙위원으로서 중앙(베이징)으로 모이는 것은 연 1회 전체회의 및 연말 항례의 중앙경제공작회의 등이다.

중앙위원회 전체회의(총회)는 중난하이가 아니라 기본적으로 징시빈관이나 인민대회당에서 거행되는데, 이것을 조직하고 관련 사무를 담당하는 '중앙서기처', 당 요인 비서 등으로 구성되는 '중앙판공청', 당의 싱크탱크라고 말할 수도 있는 '중앙정책연구실' 등은 중난하이 가운데 있을 것으로 추정된다. 또한 정부(국무원)에 있어서도 총리, 부총리 외에 사무국인 '국무원 판공청(辦公廳)', 일부 국무원 직속 기관 등도 중난하이 내부에 있을 것으로 추정된다.

---

1) '중국공산당 중앙위원회 후보위원(候補委員)'을 지칭한다.

(2) 영도소조

　최근 새롭게 몇 개의 '영도소조(領導小組)'가 설치되었는데 이러한 조직도 중난하이에 있을 것으로 추정된다. '소조(小組, Leading Small Group)'라는 명칭으로 불리지만, 당중앙의 중요한 정책 결정 기관이다.

　정치국 회의에 회부되는 중요 의제의 사무적인 준비를 하는 곳이 '소조'이다. 외교 문제에서는 당 중앙외사공작영도소조(中央外事工作領導小組, 조장: 시진핑)가 있고, 경제 문제에 대해서는 당 중앙재경영도소조(中央財經領導小組, 조장: 시진핑)가 있다. 당 중앙재경영도소조는 일상적인 당무(黨務)를 돌보는 중앙서기처와 긴밀하게 연락을 취하고 중요 정책을 결정하고 있다.

　2013년 11월 18기 3중전회에서의 개혁 심화의 결정 등을 감안해 당중앙에 4개의 새로운 조직이 설립되었다. '중앙전면심화개혁영도소조(中央全面深化改革領導小組)', '중앙국가안전위원회(中央國家安全委員會)', '중앙정보화와인터넷안전영도소조(中央罔絡安全和信息化領導小組)', '중앙군사위원회심화국방과군대개혁영도소조(中央軍事委員會深化國防和軍隊改革領導小組)'이다. 이 4개 조직의 책임자(조장 및 주석)의 일상 업무를 처리하는 사무국(판공청)도 '군(軍) 소조'를 제외하고 중난하이에 설치

되어 있을 것으로 추정된다(소조에 대해서는 이밖에 제2절 정책
결정 메커니즘도 참조하기 바란다).

(3) 중앙군사위원회와 기율검사위원회

　'당중앙'을 구성하는 중요 조직 중의 하나는 중앙군사위
원회(중앙군위)이다. 중앙군사위원회 주석에는 총서기, 2인
자는 문관에 해당하는 국가부주석이 취임하며, 총서기 후계
자가 취임하는 경우가 일반적이다. 군사위원회의 부주석 이
하 구성원 대부분은 군인이고 그 사무기구인 판공청은 중
난하이 바깥에 있다. 현재 국가주석이자 총서기인 시진핑
은 과거에 중앙군사위원회 비서장의 비서로서 중앙군사위
원회 판공청에서 업무를 수행한 적이 있다. '중앙군사위원
회심화국방과군대개혁영도소조'는 중앙군사위원회가 있는
'81대루(八一大樓, '81'은 8월 1일 중국인민해방군 건군절을 지칭함)'
에 있을 것으로 추정된다. 81대루는 장안가 서쪽에 군사시
설 지역에 있고 군사박물관의 동쪽, 징시빈관의 맞은편에
있다.

　중앙위원회와 함께 당원의 기율(규율)을 감독하는 기관
은 중앙기율검사위원회이고 책임자는 정치국 상무위원이
다. 구성원은 중앙위원과 마찬가지로 당대회에서 선출된다.

기율검사위원회의 경우는 중난하이 바깥에 있고 2013년부터 국무원 감찰부와 합동으로 홈페이지를 공개하고 있으며, 서민의 탄원서 및 고발 내용을 온라인으로 접수하고 있다.

(4) 중앙판공청

중앙판공청은 정치국 상무위원 및 정치국원의 비서진 및 두뇌집단이자 당의 사무국이다. 일상적인 당무는 서기처(書記處)가 수행하는데 그 비서 집단이 중앙판공청이다. 중앙정부에 해당하는 국무원에도 판공청이 있다.

중앙판공청 주임은 서기처의 수석비서이기도 하며 총서기의 신뢰가 두터운 인물이 취임한다. 2014년 12월에 기율위반 혐의로 조사 대상이 되어 실각한 전임 판공청 주임 링지화(슈計劃)는 후진타오의 수석비서로 정치국원후보였는데, 2012년 당대회가 개최되기 전에 중앙판공청 주임에서 해직되고 중앙통일전선공작부장으로 '좌천'되었다. 또한 정치국원은 물론이고 서기처 서기에서도 제외되었다. 2012년 봄 그의 아들이 일으킨 교통사고가 그 원인이었다고 전해진다.

현 중앙판공청 주임인 리잔수는 허베이성의 현(縣) 서기 시절 시진핑의 동료였는데, 링지화의 뒤를 이어 2012년 주임으로 취임했고 그 후 당대회에서 정치국원으로 승격했다. 리잔수는 시진핑이 중앙으로 끌어올린 인물이다.

『중국 당·정부·군명록(中國黨·政府·軍名錄)』에 따르면 중앙 판공청의 주소는 '베이징시 부우가 79호'로 되어 있다. 부우 가는 제1장에서 소개한 바와 같이 중난하이 서쪽에 있는데 빨간 벽을 따라 북쪽으로 향하는 거리이다. 그러나 그 주소 의 번호는 중난하이의 외부이다. 일본으로 치면 총리 관저 앞 내각부(內閣府) 빌딩에 해당된다고 할 수 있을까? 다른 정 보에 따르면 중앙판공청은 중난하이 서문에서 들어가는 곳 에 있고 요인 경호를 담당하는 중앙경위국(中央警衛局) 사무 실은 정문인 신화문 가까이에 있다고 한다(리즈쑤이, 『마오쩌 둥의 사생활』 등). 또한 베이징시 지도에 따르면 중앙판공청 의 한 국(局)인 '노간부국(老幹部局, 은퇴한 간부에 대한 관리 담 당)'은 중난하이에서 떨어진 서쪽 일각에 있는 것으로 기재 되어 있는데, 부처가 분산되어 있을 가능성이 있다.

또한 중앙판공청은 주임 외에 3명의 부주임 아래 조사연 구실, 비서국(秘書局), 인사국(人事局), 기밀문서국(機密文書局), 중앙직속관리국(中央直屬管理局), 노간부국, 독사국(督査局), 중 앙경위국 등의 부처로 구성되어 있다.

(5) 4부

당중앙의 중요한 사무기구로 중앙조직부, 중앙선전부, 중앙통일전선공작부, 중앙대외연락부 등 4부(四部)가 있다. 4부의 주소는 마찬가지로『중국 당·정부·군명록』에 따르면 중앙조직부는 중난하이에 가까운 곳에 있지만, 바깥쪽인 '시단북대가(西單北大街) 110호'에 있다. 중앙선전부의 주소도 '서장안가 5호'인데 중난하이의 내부는 아니고 서화문 서쪽, 즉 서장안가와 부우가 사이의 교차점 부근이다. 여기에는 확실히 위병이 서 있는 관공서다운 건물이 있다.

중앙통일전선공작부는 '부우가 135호'라고 되어 있는데 중난하이 서문의 남서쪽, 부우(府右) 측의 서쪽, 중앙선전부와 공업신식화부(工業信息化部, 공업정보화부)의 북쪽에 해당된다. 이 부근은 청나라 시기에 의친왕부(儀親王府, 황제의 황자 주거지)였던 곳이다.

중앙대외연락부는 중난하이에서 서남쪽에 있는 '하이뎬구(海淀區) 흥로(興路) 4호'[지하철 1호선 무시디역(木樨地站)에서 하차]에 있는데, 이곳만은 간판이 있고 시판되는 지도에도 표기되어 있다.

중앙조직부는 당의 인사부이고 당내 인사 조정을 하는 것 외에 당원 교육, 간부 교류를 입안 및 실시한다. 또한 최근 지방 간부를 연수시키기 위해 미국 하버드대학에 파견하고 있는데, 그 연수 계획을 수립하는 곳도 중앙조직부이다. 이 하버드대학 연수는 최근 간부의 등용문이 되고 있다.

중앙선전부는 문자 그대로 당의 선전을 책임지는 부서이고 당 기관지인 ≪인민일보(人民日報)≫, 신화사(新華社), CCTV 등 홍보 및 신문에 대한 감독을 수행하는 부서이다.

중앙통일전선공작부는 타이완과의 통일 공작을 하는 부서임과 동시에 민주당파(民主黨派)나 당외(黨外) 인사와의 협력 관계, 홍콩 및 마카오와의 관계를 조정하는 기관이다.

중앙대외연락부는 말하자면 당의 외교부로서 여러 외국 공산당 및 제당파(諸黨派)와 중국공산당 간의 인사 교류 등을 수행하는 부서이다.

이 4부의 부장직은 중앙대외연락부를 제외하고 정치국원의 겸무직이다. 그중에서도 중앙조직부장이 가장 중요한 위치인데, 중앙조직부장 경력자는 더욱 상위직인 정치국 상무위원으로 승격하는 경우가 많다.

그런데 이 4부 가운데 중앙대외연락부와 중앙통일전선공작부는 각각 홈페이지를 통해 그 활동 상황을 공개하고 있는 데 반해, 중앙조직부와 중앙선전부는 홈페이지가 공개되어 있지 않다. 또한 중앙대외연락부를 제외하고 각 지방(성,

시, 구)의 당 위원회에도 동일한 조직이 있다. 즉, 조직부장, 통일전선공작부장, 선전부장 등 3부장은 성급(省級) 당 위원회 상무위원(집행부)이다. 또한 매년 1회 '전국 조직부장 회의', '전국 통일전선부장 회의' 등이 중국인민해방군의 숙소인 징시빈관에서 개최된다.

(6) 중앙당교

중앙당교는 중국공산당의 간부를 양성하는 학교이다. 교장은 역대 차기 총서기가 취임하는데 후진타오, 시진핑이 모두 국가부주석 및 정치국 상무위원 시기에 교장을 역임했다. 다만 현재 교장인 류윈산은 정치국 상무위원이자 서기처 서기인데, 2017년 은퇴할 것으로 예상되며 후계 총서기 대상은 아니다. 2017년 제19차 당대회에서 교장으로 취임하게 되는 인물이 차기 총서기 후보가 될 가능성이 높다.

중앙당교의 양성 과정은 단기 및 장기가 있는데 그 대상도 말단 현 서기급부터 중앙위원 및 각료급까지 다기하게 걸쳐 있다. 중앙과 지방의 당 간부, 정부 간부가 일정 기간 당교에서 연수하는 일도 있다. 장기 양성 과정은 중앙 간부 후보생에게만 해당되는데 교장과의 지기(知己), 동창 등 인맥이 향후 경력에 중요한 영향을 미친다.

중앙당교의 연수 과정에는 별도로 대학 학부 및 대학원에 해당하는 연구 과정도 있다. 또한 지방에도 성급의 '성(省) 당교'가 있는데 이것은 성급에서의 간부 양성 학교이며, 중앙당교에 소속되어 연수를 받는 것은 공산당원으로서 경력을 쌓는 과정에 해당한다.

2) 정치국과 정치국 상무위원회

(1) 정치국 회의

중앙정치국은 1년에 1회밖에 열리지 않는 중앙위원회 전체회의 폐회에서 그 사무와 정책 결정의 직권을 행사한다. 정치국 상무위원 7명을 포함한 25명으로 구성되는 정치국 회의는 기본적으로 매월 말에 베이징의 중난하이 내부에 있는 회인당에서 열리며, 그 결과는 공표되고 있다.

정치국 회의의 주제는 월별로 다른데 경제 정세 분석과 당의 역사 총괄 외에 정치국원, 중앙위원 해임 등도 의제로 삼는다. 주요 의제에 따라 국무원 각료(부장)와 관계자가 출석한다. 회의는 대개 오전 중에 거행되고 당일 오후에는 후술하는 정치국 집단학습회가 개최된다. 후진타오 시기 2006년 4월, 6월, 7월에는 정치국 회의가 열리지 않았지만 6월,

7월은 학습회가 개최되었다. 시진핑 체제에서도 2013년 3월, 5월, 11월, 그리고 2014년 3월, 10월, 11월에는 정치국 회의가 개최되지 않았다. 다만 시진핑의 경우 2013년과 2014년 모두 12월에 정치국 회의를 두 차례 개최한 것 외에 학습회를 단독으로 진행하고 있다.

또한 2013년 6월에는 이례적으로 4일에 걸쳐 '정치국 전문 회의'를 했는데 의제는 시진핑이 제창하는 '8항 규정의 준수 상황'이었다. '8항 규정'이란 2012년 12월 4일 시진핑이 정치국 회의에서 제기하고 결정한 것으로서 그 내용은 다음과 같다.

· 접대의 간소화[改進調研]

· 회의의 효율화, 지도자의 축하회 및 테이프 커팅 행사 참여 등의 제한[改進會風]

· 문장, 통지(通知)의 간소화[改進文風]

· 외유 시 수행자의 제한[規範出訪]

· 경비(警備)의 간소화[改進警衛]

· 신문 보도의 개혁[改進報道]

· 개인 출판 등의 제한[文稿發表]

· 근검절약[嚴守廉政]

이상은 당원의 도덕성 제고, 대중과의 융합, 간부 부패 박멸 등을 노린 것으로 '중국의 꿈'과 나란히 시진핑의 신념을 나타내는 것이라고 말할 수 있다. 특히 자신이 '태자당(太子黨, 고급 간부의 자제, '홍이대'(紅二代)]' 출신인 것을 의식해 '대중과의 융합'을 지향하는 시진핑의 진면목이라고 할 수도 있다. 나아가 이 '규정'의 준수 여부 점검을 엄격하게 하고 위반한 당원을 적발한다는 철저한 모습을 보이고 있다. 또한 '8항 규정'에 관한 근거 조례를 대대적으로 개편하고 있는 것도 특징이다. '8항 규정'은 해방되기 이전에 중국인민해방군의 전신인 홍군(紅軍) 시절에 마오쩌둥이 제창한 '3대 기율(三大紀律)·6항 주의(六項注意)'가 이후 변경되어 '3대 기율·8항 주의'가 되어 1947년 군의 포고로 제정된 것인데, 시진핑이 중국인민해방군의 군기(軍紀)를 특별히 의식해 제창한 것으로 추정된다.

(2) 정치국 회의의 주요 의제와 원칙

후진타오 시기(제17기)였던 2006년, 2007년 및 시진핑 체제(제18기)의 2013년, 2014년 기간에 매월 개최된 정치국 회의에서의 주요 주제는 〈표 3-1〉과 같다. 기타 연도의 주요 의제와 함께 살펴보면 몇 가지 원칙이 있다는 것을 알 수 있

<표 3-1> 정치국 회의의 주요 의제와 집단 학습회

월	후진타오 시기		시진핑 시기	
	2006년	2007년	2013년	2014년
1	정협공작 강화○	금융개혁○	당원 관리○	8항 규정
2	정부공작 보고○	정부공작 보고○	2중전회○	정치공작 보고○
3	중부굴기(中部崛起) 문제	베이징올림픽○	없음	없음
4	없음	청소년 문화○	대중노선 교육○	경제 정세○
5	분배제도 개혁○	없음	없음	신장 문제○
6	없음○	공공 문화 서비스○	(정치국 전문회의, 4일간)	세제·호적 문제○
7	없음○	경제 정세○	경제 정세○	경제 정세
8	당원간부 개인규정○	7중전회	3중전회	국유기업 임원 대우○
9	24일 천량위(陳良宇) 문제 25일 6중전회	정치국 공작○	과학기술 발전○	4중전회
10	간부교육○	제17차 당대회 정신	3중전회○	없음○
11	인구정책○	경제 정세○	없음	없음
12	부패 문제○	부패 문제○	3일 경제 총괄○ 31일 부패 문제○	5일 경제공작, 저우융캉(周永康) 문제○ 29일 부패 문제

주: ○은 학습회의 동시 개최를 나타낸다. 2012년 11월부터 시진핑 체제로 이행되었다.
자료: 중국공산당 신문.

다. 우선 매월 주제를 보면 2월 주제는 매년 결정되는데 3월
에 개최되는 전국인대에서의 정부 활동 보고 내용의 검토와
승인이다. 기타 의제도 토론되는데 대개 2월은 동일하다.

마찬가지로 7월은 경제 정세 분석과 하반기 과제가 논의된다. 또한 7월에는 하반기에 열리는 중앙위원회 총회 준비와 개최 요령(要領)이 결정된다.

12월은 연도 총괄인데 주요 주제는 최근 수년간 결정된 '부패 문제'이다. 이는 2002년 이래 거의 일관되고 있다. 후진타오 시기에도 '부패 문제'는 중요한 과제로 다루어졌다.

개별 의제 가운데 후진타오 시기에는 '중부굴기'라는 지역 개발 문제가 의제로 떠올랐던 적이 있는데, 시진핑이 취임한 이후부터는 경제 문제는 2월, 7월의 정례 회의를 제외하면 적게 다루어졌다. 2014년 5월 26일 정치국 회의에서는 '신장 문제'가 다루어졌다. 4월 우루무치(烏魯木齊)역에서의 자폭 테러, 5월에 일어난 우루무치 시내 아침시장에서의 폭탄 테러(43명 사망)를 감안한 긴급 회의였다.

정치국 회의에서 '신장 문제'가 논의된 것은 2009년 7월(후진타오 시기) 이후 처음이었다. 또한 2010년 1월 정치국 회의에서는 티베트 문제가 논의되었다. '정령불출중남해[政令不出中南海, 중난하이(중앙)에서 발표된 정령(政令)이 관철되지 못하고 제후(지방)가 멋대로 행동한다]'라는 말로 상징되는 바와 같이 중앙의 결정이 지방에서 철저하게 수행되지 않는, 즉 지방이 중난하이(중앙)의 결정을 무시하고 독자적인 행동을 취하는 현상이 자주 보인다.

이에 대해 현재의 시진핑 체제는 '기율 철저', '오직 적발'을 무기 삼아 지방에 대한 감시와 단속을 강화하고 있는데, '중난하이의 명령'이 권위를 맹렬하게 떨치고 있다.

(3) 집단 학습회

정치국 회의 개최에 맞춰 세계정세, 과학기술, 거시경제 등에 대한 학습회(정치국 집체 학습회)가 중국 국내의 학자, 싱크탱크 연구자를 초청해 이루어진다. 학습회 주제와 강사 및 논의 내용은 일부 공개되는데, 그 주제를 통해 중국이 현재 안고 있는 과제 등을 살펴볼 수 있다. 후진타오 시기의 학습회 주제는 취업 문제, 토지관리 제도, 인구정책, 신흥산업발전 전략, 당 건설, 토지관리 등이었다. 2008년 베이징올림픽 개최 이전에는 '올림픽' 역사를 학습한 적도 있다. 후진타오를 계승한 시진핑도 이 학습회를 계속하고 있는데 최근 주제는 사회주의 가치관, 유물주의(唯物主義) 역사, 주택보장 제도, 해양 전략, 법치사회 건설 등 다기하게 걸쳐 있다.

집단 학습회는 정치국 회의 의제와 달리 역사적·구조적·제도적·세계적인 이슈를 중심으로 하고 있다. 과거 학습회 주제 가운데(정치국원 및 각료의 보고, 의견 교환에 의한 학습회는 제외) 가장 많은 것은 산업, 자원·에너지, 지역개발 등을 포함한 경제 문제였다. 특히 '세계경제와 중국'이라는 주제는 매 기마다 이루어지고 있다. 헌법 및 법제 문제에 관한 강좌도 매 기에 행해지고 있다. 제도적·전문적인 분야이기 때문일 것이다.

시진핑 체제로 이행된 이후부터는 당 건설, 이데올로기 문제가 비교적 많다. 제18기에 열린 14회 집단 학습회 중 6회가 이 주제였다. 시진핑은 학습회의 위상을 단순한 지식 공유, 정세 분석뿐만 아니라 당의 존재 의미에 대한 역사적 해석, 정권 유지를 위한 이론 무장에 중점을 두고 있는 모습이다. 이는 시진핑의 권력 기반이 약하기 때문만은 아니고 정권 유지의 정당성을 강화하기 위한 노림수로 보인다.

2003년 사스(SARS) 유행, 2008년 베이징올림픽 준비, 2010년 상하이엑스포 총괄 등 그때마다 긴급한 과제와 큰 행사 준비 및 총괄을 주제로 한 것도 있다. 그런데 기본적으로 학습회는 정치국원의 정보 공유, 지식 향상과 정책에 대한 응용이 중심이 되고 있고, 또한 선택되는 주제의 내용을 통해 중국 및 최고 지도자가 안고 있는 정책 과제를 살펴볼 수 있다. 그러한 의미에서 향후 학습회에서 시진핑이 다루게 될 주제 및 강사 선발 등이 주목된다.

학습회 사무국을 담당하는 곳은 중앙서기처와 중앙조직부이다. 주제 선정과 강사 인선을 하는데 정치국원에게 강의를 하는 강사진은 베이징대학(北京大學), 칭화대학(清華大學), 국무원 발전연구센터, 중국사회과학원 등에 소속된 교수 및 연구원이며, 1시간 동안의 강의를 위한 준비는 6개월 전부터 이루어진다고 한다. 그런데 이 강의는 학자에게 일종의 출세 가도이기도 하다. 집단 학습회에서 강의했던 한 연구원(여성)은 그 후 총리의 두뇌집단인 국무원연구실(國務院研究室) 연구원을 거쳐 2012년 국무원 부비서장(副秘書長)에 임명되었다.

⑷ 정치국 상무위원회

당중앙의 최고 의사결정기관인 정치국 상무위원회는 총서기 이하 모두 7명의 상무위원으로 구성되어 있다. 1989년 톈안먼 사건으로 실각한 자오쯔양의 정치 비서였던 바오퉁(鮑彤)에 따르면, 1980년대에 정치국 상무위원회는 매주 1~2회 열렸는데 회의의 결정은 만장일치를 원칙으로 했다고 한다(『붉은 당』). 정치국 상무위원의 인원수가 홀수인 것은 '다수결 제도'를 채택했기 때문이라는 해석이 일반적인데, 바오퉁에 따르면 다수결 제도를 취하지 않고 반대 의견이 있는 경우와 정리되지 않을 경우에는 미룬다고 한다. 개최 장소는 7명의 집무실이 있는 중난하이 내부의 근정전으로 알려져 있다.

그런데 정치국 상무위원회 및 정치국 회의 혹은 중앙위원회 총회가 과거 베이징과 중난하이에서만 열렸던 것은 아니다. 1960년대부터 1970년대 문화대혁명 시기에는 마오쩌둥이 지방 시찰과 체류하는 곳이 개최 장소였다. 후베이성 우한, 장시성 루산(廬山) 등이 역사적인 회의 장소로 유명하다.

1935년 1월 구이저우성(貴州省) 쭌이(遵義)에서 개최되었던 정치국 확대회의에서는 마오쩌둥이 군의 지도권을 확립했고, 1958년 8월 허베이성 베이다이허에서 열린 정치국 확대회의에서는 인민공사의 설립을 결의했으며, 1959년 7월 장시성 루산에서 개최된 정치국 확대회의에서는 대약진의 실패를 지적한 펑더화이가 마오쩌둥에게 비판을 받고 해임되는 등 수많은 역사적 사건의 결정이 지방에서 이루어졌다. 그런데 정치국 확대회의란 정치국원 외에 은퇴한 원로, 중앙위원 등 관계자가 초청받아 모이기도 한다. 다만 마오쩌둥 사망 이후에 중앙위원 전체 회의 및 정치국 회의가 비공식적인 이른바 '베이다이허 회의' 외에 개최되었던 적은 없다.

제16~18기 정치국 및 상무위원의 구성원 일람은 〈표 4-2〉를 참조하기 바란다.

2. 정책 결정 메커니즘: 소조 정치

1) 소조 정치

중난하이는 당과 정부의 본부로서 이곳에서 중요한 정책이 결정된다. 최종적으로는 정치국 상무회의에서 결정되는데, 그 결정을 위한 논의와 채택은 매월 개최되는 정치국 회의에서 이루어진다. 또한 정치국 회의에서 다루어지는 의제와 사항에 대한 준비는 당내 '소조'라는 중국의 독특한 조직을 통해서 이루어진다. 바로 이것이 중국 정치가 '소조 정치'라고 불리는 까닭이다.

당내 '소조 제도'는 예전부터 있었다. 악명 높았던 소조는 문화대혁명 시기의 '중앙문혁소조(中央文革小組)'이다. 이 소조는 당시 사실상의 당 집행부였고, 장칭(1966~1976년 정치국원) 아래에서 법과 당 규약을 무시하는 처리 방식으로 중국 사회에 혼란을 초래했다.

이와 달리 1950년대부터 존재했던 소조는 외사(外事), 재정 및 경제, 정법(政法), 과학 등 분야별 영도소조이다. 1950년대부터 당의 지도가 강화되었고 국무원이라는 행정 담당 기구가 생기면서, 당이 행정도 담당하는 이례적인 형태를 취하기 시작했다. 그 후 정치개혁이 진전되면서 임시적인 형태의 소조는 자취를 감추었다. 하지만 중요한 분야에서는 현재도 계속되고 있으며, 나아가 새로운 소조도 탄생해 당의 일원적인 지도가 더욱 강화되고 있다.

2) 중앙영도소조

2013년 11월에 개최된 18기 3중전회에서 설치가 결정된 '중앙전면심화개혁영도소조'에 의해 당내 조직인 '중앙영도소조'라는 조직의 존재가 부각되고 있다. 이 조직은 어떻게 구성되어 있고 그 역할은 무엇일까? 하지만 조직 인사, 구성원, 회의 내용과 빈도는 거의 공표되지 않고 있다. 당 '중앙영도소조'는 당내 행정을 담당하는 기구로서 주요 사항은 〈표 3-2〉와 같다. '중앙영도소조'는 그 정책 의제에 대한 최고 정책결정기관으로서 그 수장인 조장은 기본적으로 정치국 상무위원이 담당하는데, 수행하는 역할은 최고 결정기

<표 3-2> 당 중앙영도소조 일람

기존	조장	부조장	판공실 주임
중앙외사공작영도소조	◎시진핑	◎리커창	△양제츠(국무위원)
중앙재경영도소조	◎시진핑	◎리커창	△류허(劉鶴, 발전개혁위 부주임)
중앙대타이완공작영도소조	◎시진핑	◎위정성	△장즈쥔(張志軍, 타이완 판공실 주임)
중앙순시공작영도소조	◎왕치산		리샤오홍(黎曉宏, 중앙기율위)
중앙농촌공작영도소조	○왕양 (汪洋)		천시원(陳錫文, 발전개혁위 부주임)
중앙위호온정공작영도소조	○멍젠주		양환닝(楊煥寧, 공안부 상무부부장)
신규	조장	부조장	판공실 주임
중앙전면심화개혁영도소조	◎시진핑	◎리커창 ◎류윈산 ◎장가오리	○왕후닝
중앙국가안전위원회		◎리커창 ◎장더장	○리잔수
중앙정보화와인터넷안전영도소조		◎리커창 ◎류윈산	루웨이(魯煒, 국무원 정보판공실 주임)
중앙군사위원회심화국방과군대개혁영도소조		○판창룽(范長龍) ○쉬치량(許其亮, 상무)	

주: ◎은 정치국 상무위원, ○은 정치국원, △는 중앙위원, 표식이 없는 것은 당원, 공란은 불명(不明)을 나타낸다. 또한 명단 중 일부는 추정이다.

관인 정치국 상무위원에 대한 정보 제공, 정책 입안 등이다. 기존의 소조들 중에서 중앙외사공작영도소조 및 중앙재경영도소조, 그리고 최근 신설된 소조의 인사 및 기능 등을 살퍼봄으로써 정책결정 과정에서 '소조'의 역할에 대해 고찰해 보도록 하겠다.

3) 중앙외사공작영도소조

당 중앙외사공작영도소조(1958년 설립)는 당내 외교정책의 최고 결정기관인데, 중요한 외교정책에 대해 소조의 제안사안을 그대로 정치국 상무위원회가 승인하는 것으로 알려져 있다(『중국의 새로운 대외정책(中國の新しい對外政策)』).

중앙외사공작영도소조는 조장에 총서기, 부조장에 국가부주석, 구성원은 외교부 출신자를 중심으로 한 당의 부장 및 각료급, 군의 부총참모장(副總參謀長)이 취임하며 사무 관련 책임자는 외교 담당 국무위원(부총리급)이 취임하는 것이 관행이다. 중앙외사공작영도소조는 외교 공작, 즉 중국의 외교정책을 결정하는 기관으로 안전보장 관련 사안을 다루며 때로는 국제적으로 결부된 금융 및 재정정책 등의 입안을 하는 것으로 추정된다. 나아가 최근 중국의 해양정책에 대한 제언도 이곳에서 이루어지고 있는 것으로 추정된다.

1999년 북대서양조약기구(NATO: North Atlantic Treaty Organization)군의 유고슬라비아 주재 중국대사관에 대한 오폭 사

건을 계기로 2000년에 설립된 것으로 알려진 중앙국가안전
영도소조는 중앙외사공작영도소조와 같은 인적 구성원으로
서 2014년 설치된 중앙국가안전위원회의 전신이다. 한편,
국가안전영도소조는 없어진 것으로 추정된다.

4) 중앙재경영도소조

2014년 6월 13일 밤 7시, CCTV는 중앙재경영도소조 회
의 장면을 방영했다. 중앙재경영도소조는 중국의 경제정책
을 결정하는 최고 의결기관인데, 조직 구성 관련 내용은 거
의 알려져 있지 않으며 또한 회의 장면을 영상으로 공개한
것도 역사상 최초의 일이었다.

이번 보도로 인해 적어도 3가지 사실이 명백해졌다. 이번
회의가 제6회라는 것, 조장이 시진핑, 부조장이 리커창, 구
성원이 장가오리(제1부총리)라는 것, 회의 주제가 '국가 에너
지 전략'이었다는 것이다. 이 중에서 조장이 시진핑이라는
사실은 중요한 정보이다.

또한 8월 18일 중앙재경영도소조와 중앙전면심화개혁영
도소조의 회의가 같은 날에 개최되었다는 것이 보도되었다.
중앙재경영도소조는 제7차 회의였는데, 일전의 제6차 회의

와 같이 회의 모습이 방영되지는 않고 문자 형식으로 보도 되었다. 그런데 이 보도를 통해 류윈산이 중앙재경영도소조의 구성원이라는 사실이 밝혀졌다. 류윈산이 언제부터 구성원이었는지는 명확하지 않다. 하지만 6월의 제6차 회의 당시에 류윈산은 폴란드 출장 중이었으므로 출석이 불가능했는데, 그 시기 이전에 이미 구성원이었을 가능성이 높다.

중국에서는 1949년 이래 경제정책을 결정하는 소조로서 중앙재정경제위원회, 중앙경제공작 5인 소조 등의 조직이 존재했는데, 현재의 중앙재경영도소조가 성립된 것은 1980년의 일이다. 1989년 한차례 해산되고 1992년에 다시 시작되었다. 1992년부터 1998년까지는 장쩌민이 조장, 리펑과 주룽지(朱鎔基) 상무부총리가 부조장을 담당했다. 그 이후 장쩌민은 조장의 지위를 주룽지에게 넘겼고, 후진타오 시기부터 총리였던 원자바오가 조장을 담당했는데 이후 '총리=조장' 체제가 계속된 것으로 보인다. 하지만 이것을 공식적으로 확인하는 것은 불가능하다.

5) 리커창은 배제되었나?

시진핑이 중앙재경영도소조 조장에 취임했다는 것을 두

고 서방 측은 리커창과의 마찰이나 '리커창 배제' 등의 소식을 전하면서 떠들썩하게 논평하고 있는데, 중국 측 매체는 "총서기가 중앙재경영도소조 조장을 담당하는 것은 중국공산당의 전통이다"라고 반박하며, 시진핑 체제의 안정성을 강조하고 있다(《국제금융보(國際金融報)》, 2014년 8월 25일 자). 그렇지만 '총서기=조장 체제'가 일관되어왔으며, '총리=조장 체제'가 임시적이라는 이러한 주장에 대해 관련 정보를 공식적으로 확인할 방법은 없다.

중앙재경영도소조는 문자 그대로 재정 및 금융정책에 관한 최고 결정기관으로서 2005년 7월 인민폐 절상, 2008년 11월 '리먼 쇼크' 시 발표한 4조 위안 규모의 내수확대 정책 등 중요 결정의 입안을 했던 것으로 추정된다. 2014년 6월에 공표된 제6차 회의의 의제는 '국가 에너지안보 전략'이었다.

중앙재경영도소조와 서기처의 합동 회의도 빈번하게 개최된다. 중요 정책이 결정되기까지의 과정은 인민폐 절상 등의 중요 문제를 예로 들면, 당 중앙정책연구실, 국무원연구실, 국무원 발전연구센터, 중국사회과학원 등 당과 정부 계통 싱크탱크, 학자 및 두뇌집단 등의 의견을 청취하면서 의안(議案)을 중앙재경영도소조가 결정하고, 정치국 상무위원회, 정치국 회의의 순서로 비준하고 국무원에 이첩되어 실행으로 옮겨지는 것으로 추정된다. 그 실행 시점은 특히 미국을 염두에 두고 국제정세를 신중하게 살피면서 중국 측에 가장 효과적인 시점에 발표한다.

6) 중앙국가안전위원회

2013년 11월 18기 3중전회가 개최되기 직전에 톈안먼 광장에서 차량 급돌진에 의한 테러가 일어났고, 산시성(山西省)의 성도(省都) 타이위안(太原)에서는 중국공산당 빌딩 주변에서 폭발사건이 발생했다. 또한 3중전회 이후 신장웨이우얼자치구(新疆維吾爾自治區)에서 경찰서 습격사건이 발생하는 등 국내적으로 불온(不穩)한 사건이 잇따랐다.

중국 국내 체제 혹은 중국공산당 체제의 위기에 직면해 중국판 국가안전보장회의(NSC: National Security Council)라고도 말할 수 있는 '중앙국가안전위원회'의 설치가 3중전회에서 결정되었다. 미국 및 일본 NSC 등을 의식했다고 말할 수도 있는 '중앙국가안전위원회'의 설치에 대해, 3중전회 결의안은 "국가안전 체제와 국가안전 전략의 정비 및 국가안전을 확보한다"라고 천명하고 있다.

'중앙국가안전위원회'는 외교문제, 안전보장 등의 정책

입안을 핵심 업무로 하면서 국내 치안의 대책을 총괄하는 정법위원회(政法委員會)를 산하에 두는 조직이 될 모양이다. 또한 미국 및 일본 NSC와 달리 금융위기와 인터넷 규제(정보)도 소관 사항으로 하는 조직을 지향하는 것이 핵심이다. 그래서 위원회를 구성하는 구성원을 외교, 국방뿐 아니라 치안, 정보, 금융 등 전문가로 받아들일 방침이라고 보인다. [2] 그리고 중요한 것은 이 조직이 '중앙국가안전위원회'라는 명칭과 같이 '중앙'이 되고 있다는 것이다. 앞에서 언급한 바와 같이 '중앙'이란 '당중앙'의 의미이자 당이 주도한다는 의미이다.

7) 일대일로건설공작영도소조의 발족

시진핑의 대외정책 핵심이라고 말할 수 있는 '일대일로(一

---

2) 2015년 12월 기준 중앙국가안전위원회는 주석: 시진핑, 부주석: 리커창, 장더장, 상무위원: 멍젠주(孟建柱), 위원: 장춘셴(張春賢), 판공실 주임: 리잔수 등으로 구성되어 있으며, 공안, 무장경찰, 사법(司法), 국가안전부, 중국인민해방군 총참모부 2부(二部) 및 3부(三部), 중국인민해방군 총정치부(總政治部) 산하의 연락부(聯絡部), 외교부 및 국무원 신문판공실(新聞辦公室) 등의 부문을 일원적으로 '정치 지도'하는 것으로 알려져 있다.

帶一路)3) 전략을 추진하는 일대일로건설공작영도소조가 발족했다. 조장에는 정치국 상무위원 및 국무원 상무부총리 장가오리가 취임했고, 부조장에는 시진핑의 브레인에 해당하는 왕후닝 중앙정책연구실 주임(정치국원), 대외 무역 담당의 왕양 국무원 부총리(정치국원) 2명이 취임했다. 모두 시진핑에게 두터운 신임을 받고 있는 인물이다.

구성원은 국무위원 양제츠(중앙위원, 중앙외사판공실 주임), 국무원 비서장 양징(楊晶, 중앙위원) 두 사람인데, 기타 소조에 비해 소수 정예이다. 일대일로건설공작영도소조 제1차 회의는 2015년 2월 1일에 열렸는데 신장웨이우얼자치구, 하이난성(海南省), 장쑤성(江蘇省) 등에 소조 지부를 조직하는 것, 전국 각 지방에도 추진 기구를 설치하는 것 등을 결정했다.

---

3) 일대일로는 '새로운 실크로드 경제권[新絲綢之路經濟帶]'과 '21세기 해상 실크로드[21世紀海上絲綢之路]'의 약칭이며, 시진핑 중국 국가주석이 2013년 9월과 10월에 각각 제기했다.

3. 중국공산당의 구조

1) 당원 수의 변화

　여기에서 중국공산당의 기본적인 틀에 대해 살펴보도록 하겠다. 중국공산당은 1921년 상하이에서 창설되었는데 창립 당시 인원은 마오쩌둥 등 53명이었다. 2012년 말 기준으로 중국공산당원 수는 독일 인구에 필적하는 8512만 명이다. 2010년 새롭게 입당한 인원은 307만 5000명으로 처음으로 연간 300만 명을 넘었다. 동시에 2010년 1년간 '출당(탈당)'한 인원은 3만 2000명으로 대부분 오직 및 부패로 인해 당적 박탈이 된 경우라고 한다.

　공산당원의 비중은 2010년 인구 총조사 기준 중국 총인구 13억 4000만 명의 5.99%로 2008년 말 5.7%에서 다소 상승했는데, 대략 중국 전체 인구의 '20명 중 1명'이 공산당원인 셈이다.

　당원 수의 변화와 구성을 살펴보면 여성의 비율은 대략 2할(23.8%)이고 '35세 이하'도 24% 전후, 농민 비율도 30%로 큰 변화는 없다. '기업' 계통은 20%인데 이 중에는 2002년 당시 장쩌민이 적극적으로 받아들였던 '기업 대표' 출신자들도 포함되어 있다.

2) 공청단

공산당원이 되는 조건은 18세 이상으로 소속 기관 및 단위(單位)의 추천을 필요로 한다. 다만 입당이 수리(受理)된 후 1년 동안은 관찰기간이다.

중국 학교를 방문할 때 흔히 볼 수 있는 붉은 스카프 차림의 학생들은 '소년선봉대원[少年先鋒隊員, 러시아식으로 말하면 피오네르(pioner, 소년단)에 해당]'이다. 일본식으로 말하면 우수한 '학급위원'이라고 말할 수 있을 것이다. 그들이 고등학교와 대학교에서 들어가는 곳이 '공청단(共青團)'이다. '공청단'이란 '중국공산주의청년단(中國共産主義靑年團)'의 약칭으로 중국공산당의 청년조직이다[규약에는 '조수(助手)', '예비군(豫備軍)'으로 규정되어 있다]. 단원(團員)의 자격은 14세 이상 28세 미만으로 되어 있고 공청단 지도부(중앙서기국)에는 중국공산당의 젊은 중견간부가 임명되는데, 이 자리는 당 간부가 되기 위한 등용문이 되고 있다. 후진타오를 위시해 역대 공청단 총서기는 이후 당의 '최고 간부'로 발탁되었기 때문에 '공청단파(共青團派)'는 주목받고 있다.[4] 공청단은 성이나 시부터 말단의 현, 향(鄉), 진(鎭) 그리고 대학과 직장에 이르기까지 조직되어 있다.

오늘날 자주 '공청단 출신'이라 불리는 사람은 자신이 공청단 출신이라는 것과 함께 공청단이라는 조직의 간부를 역임한 경험자임을 지칭한다. 이와 같이 청소년기의 '선봉대(先鋒隊)'5)에서 시작해 '공청단'을 거쳐 '공산당원'이 되는 것이 중국에서의 일반적인 출세 가도이다.6)

중국에서 간부가 되기 위해서는 공산당원이어야만 한다. 우수한 학생은 담당 교사에게서 입당을 권유받는다. 외교부, 국가발전개혁위원회 등 일류 관청에 취직하기 위해서는 당원이어야만 하기 때문이다. 그런데 당중앙의 지도자들의

---

4) 역대 공청단 중앙서기처 제1서기와 그들의 재임 기간은 다음과 같다. 팡궈창 [方國昌, 본명: 스춘퉁(施存統), 1922.5~1923.8], 류런징(劉仁靜, 1923.8~ 1925.1), 장타이레이(張太雷, 1925.1~1927.5), 런비스(1927.5~1928.7), 관샹잉(關向應, 1928.7~1949.4), 펑원빈(馮文彬, 1949.4~1953.7), 후야오방(1953. 7~1966), 한잉(韓英, 1978.10~1982.11), 왕자오궈(王兆國, 1982. 11~1984. 12), 후진타오(1984.12~1985.11), 쑹더푸(宋德福, 1985.11~1993.5), 리커창 (1993.5~1998.6), 저우창(周强, 1998.6~2006.11), 후춘화(胡春華, 2006.11~ 2008.5), 루하오(陸昊, 2008.5~2013.5), 친이즈(秦宜智, 2013.5~).
5) 중국소년선봉대(中國少年先鋒隊)를 지칭한다.
6) 이밖에 청년조직으로는 중화전국청년연합회(中華全國青年聯合會), 중화전국학생연합회(中華全國學生聯合會) 등이 있다.

입당 나이를 보면 시진핑 21세, 리커창 21세, 왕치산 35세이다. 차기 정치국 상무위원 후보 중 한 사람으로 명망이 높은 국무원 부총리·정치국원 왕양은 20세, 같은 유력 후보인 후춘화 광둥성 서기·정치국원은 20세, 최고인민법원장·중앙위원 저우창은 18세에 입당했는데 대략 20세부터 23세 사이, 즉 대학생 시기에 입당했다.

3) 중앙위원 선출 과정

당원이 되는 것은 당 간부의 필수조건으로서 '중난하이 진입'을 위해 우선 중앙위원으로 선발될 필요가 있다. 중앙위원은 5년마다 열리는 당대회에서 선출된다. 중앙위원의 조건은 '5년 이상의 당력(黨歷)'이 최저 조건인데, 당원 8000만 명 중 겨우 200명이므로 선출되는 것은 쉽지 않다. 구성은 지방 서기, 국무원 각료, 군 간부 등이 중앙위원이고 그 자리를 유지하는 것이 조건이 된다.

중앙위원의 정수(定數)는 확실히 정해져 있지 않다. 과거의 예를 참조해 살펴보면, 대략 200명 전후인데 당대회에서는 차액선거(差額選擧, 정수를 상회하는 후보자 명부에서 선출)가 실시되고 있다. 후보자 명부는 사전에 공표되는 일이 없고

중국공산당 조직(18기, 2012년 당대회에서 선출됨)

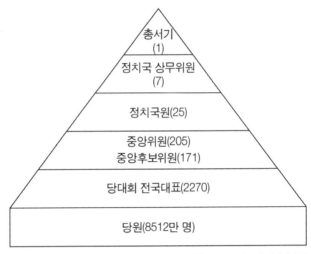

주: ( )안 숫자는 인원수이고(2012년 당대회 선출 시), 당원 수는 2012년 11월 기점이며 중
앙위원은 '5년 이상', 정치국원 25명 중 7명의 정치국 상무위원을 포함한다.

당선된 중앙위원의 서열은 성의 간체자 필획 수 순서이며,
중앙후보위원의 서열은 득표 순이다. 중앙위원을 보충할 경
우에는 득표 순으로 이루어진다. 시진핑, 왕치산, 국무원 부
총리 및 정치국원 류옌둥(劉延東) 등 이른바 '태자당' 구성원
은 1997년부터 중앙후보위원에 이름을 함께 올렸는데, 모두
득표 순은 하위권이었다. 이는 당시 당 내부의 '태자당'에 대
한 평가를 살펴보는 데 매우 흥미롭다. 중앙후보위원은 중앙
위원회 총회에 출석할 수 있는 권리가 있지만, 투표권은 없

'중국공산당 중앙' 조직도

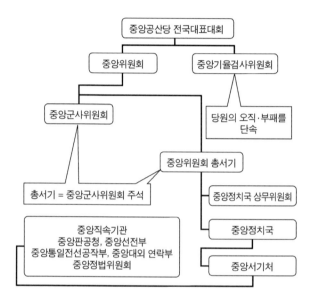

는 것으로 알려져 있다. 하지만 이는 확인된 사실이 아니다.

4) 중앙기율검사위원회

당대회에서는 중앙위원과 함께 중앙기율검사위원회 위원도 선출된다. 중앙기율검사위원회는 공산당원의 기율 및 도덕성을 감독하는 조직인데, 구체적으로 오직 및 부패를 적발하는 역할을 담당하고 있다. 중앙에 200명 전후의 위원 외에 국무원 각 부(部) 및 지방 당 위원회에 기율검사 위원이 있다.

당원, 특히 간부가 오직 및 부패로 적발될 경우 '쌍규(双规)'라 불리는 심사를 받는다. 이것은 '일정한 기간과 장소에서 모든 것을 고백한다'라는 의미로, 요컨대 당에 의한 심문 및 취조이다. 통상적으로 기간은 2주이고 당의 기관 내부에서 이루어지는데 혐의가 굳어지면 공안(경찰) 또는 검찰에 인도되어 사법 절차가 진행된다. '쌍규'를 받는다는 것은 정치적으로 '실각'했다는 것을 의미하는데, 과거에는 베이징시 및 상하이시 서기였던 정치국원급이 자주 적발되었다면, 최근에는 국무원 부장급 혹은 지방 서기나 시장급 고급 간부의 오직 및 부패가 발생해 적발되고 있다. 중앙기율검사위원회 서기는 정치국 상무위원의 겸무직이다.

5) 중앙위원, 정치국원, 정치국 상무위원

당대회에서 선출된 중앙위원의 투표(제1차 중앙위원회 총회)로 총서기를 위시해 정치국원, 정치국 상무위원 등 당중앙 최고 지도부가 선출되는데 공표되는 것은 결과뿐이다.

정치국원도 정수가 있는 것은 아니고 차액선거가 실시된다는 정보도 있지만 확인할 수는 없다.

정치국 상무위원에는 서열이 있는데, 정치국원은 성의 필획 수 순서에 따른다. 중앙위원회 총회는 매년 1회 개최될 뿐이기 때문에, 일반적으로 '중앙'이라고 일컬어지는 것은 바로 정치국원에 해당한다.

정치국 상무위원은 기본적으로 홀수이다. 이로 보아 결의가 다수결로 결정되는 것으로 보이지만, 앞에서 언급한 바와 같이 자오쯔양의 비서 바오퉁은 적어도 1980년대에는 '만장일치'가 원칙이었다고 한다(『붉은 당』). 그럼에도 1980년대 후반 덩샤오핑 시대에는 당 내부 비밀결의가 있었다. '최종 판단은 덩샤오핑의 지시를 따른다'라는 것으로 1987년 11월 당 13기 1중전회에서 결의가 가결되었다. 1989년 5월 자오쯔양은 학생시위가 맹렬하게 진행되던 시기에 방중한 미하일 고르바초프(Mikhail Gorbachev) 소련공산당 서기장과 회견했을 때 "최종 결정은 덩샤오핑 동지의 지시를 기다리고 있다"라고 당 내부의 규정을 폭로했다. 이 발언의 정치적 배경은 당시 고경(苦境)에 빠졌던 자오쯔양이 기사회생을 노린 것으로 해석되는데, 이 비밀결의를 폭로한 것도 죄상(罪狀)에 추가되어 자오쯔양은 총서기의 지위에서 쫓겨났고, 그

후에도 명예 회복이 이루어지지 않은 상태에서 2005년 1월 사망했다.[7]

6) 당 지도부의 세대교체

중국공산당 역사에는 마오쩌둥, 저우언라이 등 건국 지도자를 '제1세대', 덩샤오핑 등을 '제2세대', 장쩌민, 후진타오 등을 '제3세대'라고 부르고 있다. 그리고 '제4세대'가 시진핑 등 현 집행부이다.[8] 그런데 '세대'라는 호칭은 정의(定義)하기 쉽지 않다. 그래서 최근에는 생년(生年)을 나타내는 '50후(50後, 1950년대 출생자)라는 표현방식이 정착되고 있다. 그 세대 구분으로 당내 지도부의 급별 특징을 살펴보겠다.

최근에는 중국의 당과 정부 간부 정년제가 엄격하게 실시되고 있어 세대교체가 급속하게 진행되고 있다. 최고 지위에 있는 정치국 상무위원은 연령 제한이 없지만, 정치국원급에서는 '유칠하팔(留七下八)'이라는 표현 방식이 정착되

---

7) 2015년 1월 자오쯔양의 유골에 대한 매장 허가가 이루어졌다.

8) 일반적으로 제1세대 마오쩌둥, 제2세대 덩샤오핑, 제3세대 장쩌민, 제4세대 후진타오, 제5세대 시진핑으로 분류되는 경우가 많다.

중국공산당 지도자의 세대교체

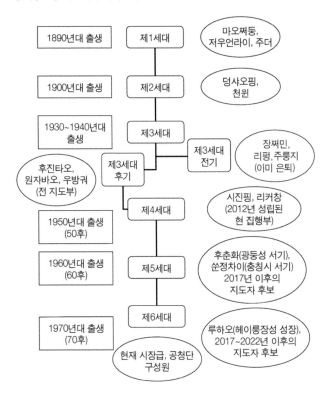

고 있다. 즉, '67세는 유임, 68세는 은퇴'라는 의미이다.

출생 연도로 말하면 1940년대 출생한 지도자는 2012년 당대회에서 이미 은퇴했다. 정치국원급에서는 대부분이 '50후'이다. '50후' 지도자는 지방 서기와 국무원(정부) 부장(장관)

<표 3-3> 일본 도쿄대학과 미국 하버드대학(유학생, 펠로우 수용 비교)

구분	도쿄대학	하버드대학
유학생 수용(2012년도)	1067	582
펠로우 수용(2012년도)	594	818
중앙위원(유학, 펠로우 경험자)	0	3
중앙후보위원(유학, 펠로우 경험자)	2	0

주: ① 도쿄대학의 유학생 수는 2012년 5월 기준(도쿄대학 홈페이지).
　　② 도쿄대학의 펠로우 수용은 '연구자 교류 수용'이며 2012년도 실적.
　　③ 하버드대학 수치는 Harvard International Office 기준.
　　④ 중앙위원, 중앙후보위원은 필자가 직접 조사.

급으로 정착되고 있고 지방 서기도 '60후'(1960년대 출생자)로 이동되고 있고 지급시 시장은 대다수가 '60후'가 되고 있다.

'70후'(1970년대 출생자)의 지도자는 아직 많지 않고 일부 성의 청장(廳長)급, 일부 현급(縣級) 시장이 탄생하고 있다. 탄생한 것이 뉴스가 될 정도로 아직은 예외에 속한다고 말할 수 있다. 다만 성급의 공청단 서기는 '70후'가 많고 이미 간부 후보로서 대두하고 있는 것을 볼 수 있다.

간부의 고학력화도 최근의 특징인데 박사 학위를 보유한 지도자는 더 이상 희귀하지 않다. 또한 지방 서기, 각료, 차관급에서도 구미 유학파 출신자가 나타나기 시작하고 있고 MBA 취득자, 석사 학위 출신자도 있다. 또한 지방 지도자 중 연수 제도에 발탁된 하버드대학 출신자도 적지 않다. 다만 일본 유학파는 대단히 제한적일 뿐 아니라 중앙 차원에서의 지도자 중에는 거의 없다. 또한 당 고급 간부의 자제도 대부분이 미국, 그것도 하버드대학으로의 유학이 압도적이다. 미·중 관계의 깊이를 살펴볼 수 있는 대목이다.

7) 기업 내의 중국공산당

중국의 회사(기업)를 방문하면 복도에 회사 안내 게시판이 걸려 있어 층마다 어떤 부서가 있는지를 알 수 있다. 그 게시판 가운데 서양 기업에는 없는 기이한 명칭의 층이 있다. '(○○기업)○○공산당위원회'라는 층이다. 중국에서는 정부, 기업, 학교, 병원 등 모든 조직 및 기관에 당 지부가 있다. 중국은 중국공산당 일당 독재국가로 모든 결정은 중국공산당이 내리며, 그 결정을 주지시키고 철저히 하기 위해 말단까지 지부가 형성되어 있다.

기업의 최고 지도자도 모든 기업 내에 있는 중국공산당 지부의 서기이며, 총경리(總經理, 사장)와 공장장은 공장의 운영 및 업무 등을 담당하는데 어디까지나 2인자 또는 3인자이다. 방문단의 성격이나 목적에 따라 다르지만 대부분 지방정부와 기업을 방문해서 당 서기에게 면회를 요구해도 만나기는 쉽지 않다. 대부분은 행정 책임자, 기업이라면 총경리나 부총경리(副總經理, 부사장) 등이 나온다(다만 당 서기가 행정의 수장을 겸직하는 경우는 별도이다). '당정(黨政) 분리', '정경(政經) 분리'가 일반적이고 기업 차원에서 겸무(兼務)가 적지 않다. 지방 행정의 차원에서는 당 서기와 시장은 서로 다른 사람이지만, 지방 의회인 인민대표대회(人民代表大會) 주임은 서기가 겸무하는 경우가 많다.

31개 직할시, 성, 자치구 중 베이징, 상하이, 톈진, 충칭 4개 직할시 및 광둥성은 정치국원이 서기를 겸무하고 있다. 이 중에 톈진시 서기는 이전까지는 정치국원이었지만 2014년 12월 인사이동으로 현재는 황싱궈(黃興國) 중앙위원이 대행하고 있다. 기타 성, 자치구는 서기가 인민대표대회 주임을 겸무하고 있고, 현재는 과거에 전례가 없을 정도로 당이 의회를 지배하고 있다. 중국공산당에서는 고급 간부의 오직 및 부패가 만연해 있고 또한 각지에서 민족 대립, 폭동이 일어나는 등 다양한 사회 불안이 발생하고 있다. 당에 대한 불신이 높아지고 있고 중국공산당이 존망의 위기에 직면해 있다고도 말할 수 있다. 당과 행정직의 겸무는 지방에서의 기반 강화를 도모하는 노림수일 것이다. 표면적으로는 당과 행정의 '2개 간판'이지만 실제로는 당 서기가 모든 권력을 갖고 있다.

8) 외자기업과 공산당

최근 외자기업(外資企業)의 중국 진출은 독자(獨資, 외자 100% 출자) 형태가 왕성하고 합변(合弁)이 아니다. '독자'를 선택하는 것은 당의 간섭을 기피한다는 점이 하나의 이유인데, 톈진에 있는 일본계 대형 엔진 제조사는 국유기업과의 합변으로 중앙 직할의 대형 기업이다. 당연히 공장의 최고 지도자는 당 서기이고 그 서기가 개입할 것인지 여부는 확정할 수 없지만, 일본계 총경리가 "중앙의 간섭이 지나치게 많으며 이곳의 주장이 통하지 않는다"라고 한탄한 적이 있다.

반대로 광저우의 한 대형 자동차 제조사의 경우는 당 서기와 당 위원회의 존재를 최대한 활용해 해당 지역에서 정부와 관계를 긴밀하게 유지하며 성공을 거두고 있다. 선전(深圳)에 있는 대형 정밀기계 제조사는 선전에 최초로 진출한 독자 메이커로 진출 당시에는 시 당국의 지원도 있었지만, 그 후에는 '냉담해져' 일본의 총경리는 시 당국과의 커넥션이 약하다는 것을 걱정했다. 독자기업의 경우, 공장이나 기업 운영은 외자가 생각하는 바와 같이 가능하지만, 해당 지방정부의 지원을 얻지 못하게 될 가능성이 있다. 한편, 합변의 경우에 중국 측 동업자가 해당 지방정부와 절충을 해주기 때문에 외자 경영자는 사업에 전념할 수 있다는 이점이 있다.

어쨌든 해당 지방의 당 및 정부와의 일상적인 인맥 쌓기나 정보 교환은 중국 사업에서 핵심이다. 일본 기업은 당 위원회의 존재나 노동조합의 설치를 기피하며 일본식 경영을 중국에서도 실행하는 경향이 있다. 하지만 중국은 중국공산당 체제하의 국가이며, 외자정책 등은 당중앙이 정치적·경제적으로 판단하고 있다는 것을 망각해서는 안 된다. 중앙이나 지방에서도 중요 사업은 당이 최종 결정을 한다. 그러한 의사 결정 시 정보 수집과 인맥 형성을 위해서라도 당 관계자(정부의 주요 공무원 포함)와의 커넥션은 불가결하다.

9) 국유기업의 대표

2012년 당대회에서 선출된 376명의 중앙위원 및 중앙후보위원 가운데는 기업 대표도 있다. 모두 국유기업의 대표로서 이사장 또는 총경리이다. 2007년의 제17차 당대회에서는 기업계에서 중앙위원 1명, 중앙후보위원 22명이 선출되었다. 2012년의 제18차 당대회의 경우 중앙위원은 7명으로 증가했고, 반대로 중앙후보위원은 19명으로 감소했다.

기업 대표의 인원수가 증대되는 것과 함께 선출된 업계도 다양해졌다. 17기의 경우 기업계 출신 중앙위원은 핵공업 분야뿐이었고, 중앙후보위원은 철광, 석유, 조선, 가전, 은행 등이었다. 그런데 18기의 경우 기업계 출신 중앙위원에는 석유, 항공, 우주산업, 은행 등으로 확대되었다. 중앙후보위원은 핵공업, 석유, 전력, 통신, 항공, 철광, 전자, 가전, 은행 등 더욱 광범위한 업계에서 선출되었다.

중국은 장기적으로는 이러한 젊은 고학력 지도자에 의해 기존의 '이데올로기' 중시에서 '경제 합리성' 중시로 변하게 될 것이다. 중앙위원 선출은 당중앙의 판단으로 이루어지며 업계 추천에 의한 것이 아니지만, 중국공산당은 정권 유지를 위해 자기 변혁을 하지 않을 수 없다.

중국에 대해 '진전되는 시장경제화', '세계의 공장', '세계의 시장' 등의 표현이 강조되고 있는데, 중국은 여전히 사회주의국가이고 경제제도는 현재 시장경제화로의 이행기라는 점을 충분히 감안해야 한다. 당과 서기의 존재를 리스크(위험요소)로 볼 것인가, 인맥으로 볼 것인가? 이에 대한 평가는 나뉘고 있지만, 중국공산당의 존재가 변하지 않는 이상 중국과 잘 지내려면 중국공산당과 잘 지내야 한다.

4. 국무원(중앙정부)

1) 국무원의 구성

중난하이는 당중앙의 소재지임과 동시에 국무원(중앙정부)의 소재지이기도 하다. 그럼에도 일본의 가스미가세키처럼 모든 관청이 중난하이에 있는 것은 아니다(소재지에 대해서는 제1장 제7절 주요 관청 소재지를 참조). 2015년 현재 국무원을 구성하는 주요 관청(부, 위원회)은 27개가 있는데 외교부, 국가발전개혁위원회, 재정부, 중국인민은행(中國人民銀行) 등은 모두 중난하이 주변에 분산되어 있다. 또한 국가통계국, 국가여유국(國家旅遊局, 국가관광국) 등 직속기관도 중난하이 바깥에 있다. 국무원 사무기구로서 중난하이에 있는 것은 부총리 이상의 집무실과 이를 보좌하는 국무원 판공청(비서실) 등이다. 총리 집무실은 중난하이에 있지만 공관(총리 자택)은 중난하이 외부에 있다. 또한 비서의 가족용 주택과 지방 출장자를 위한 숙박시설도 중난하이에 있는 것으로 알려져 있다.

국무원의 각 부 및 위원회 등에도 당 조직이 존재하고 수장은 서기인데 통상 부장(장급)=서기이다. 그런데 27개 부 및 위원회 가운데 '쌍수(雙首) 제도'를 도입하고 있는 부서가 있다. 즉, 부장과 서기 2명이 있는 경우이다. 각각의 직책은 'ㅇㅇ부장' 및 'ㅇㅇ부 서기 및 부부장'으로 인사가 역전되어 있는 부서가 있다. 현재의 과학기술부는 부장이 중국공산당원이 아니기 때문에 부부장이 서기에 취임해 있다. 중국공산당원 이외의 인사[일본식으로 말하면 민간대신(民間大臣)]가 임명된 것은 30년 만의 일이다.

당중앙구와 달리 국무원구에 출입하는 사람들은 폭이 넓고 외국 요인도 출입할 기회가 있다. 제1장에서 논한 바와 같이 총리 및 국무위원을 포함해 부총리가 외국 요인과 회견하는 장소는 중난하이의 '자광각'이다. 이곳은 명나라 시기의 건물로 옛날 황제가 외국 사절을 알현했던 장소였고, 또한 '과거' 시험이 치러진 장소이기도 했다. 필자도 1994년 미쓰비시 그룹 대표단의 일원으로 총리, 국무위원과의 회견에 동석했던 적이 있는데, 자광각 내부는 역사를 느끼게 하는 풍격 있는 장소이다.

2) 국무원 상무회의

자광각 외에도 국무원구(을구)에는 외국인이 출입 가능한 회의실이 있는 것으로 보이는데, 국무위원과 전임자 등이 외국인 및 해외 미디어와의 회견 시 사용하고 있다.

국무원은 당의 결정을 받아들이는 주체로서, 국내의 중요한 문제에 대해 구체적인 정책을 실시하는 기관이다. 일본의 각의(閣議)에 해당하는 것은 상무회의(常務會議)인데 구성원은 총리, 부총리, 국무위원 및 비서장(祕書長)이며, 회의는 원칙적으로 매주 수요일 오전 중난하이 을구의 제1회의실에서 한다.[9] 이 상무회의에서는 소득세 감세, 쓰레기 처리 문제 등 일반 시민의 생활에 관계되는 각종 정책 결정을 둘러싼 논의와 조례 및 법안 결정과 공포 등이 이루어진다.

국무원 상무회의에서의 결정사항은 당일 저녁 CCTV 뉴스로 공표된다. 그런데 일반적으로 상무회의의 모습이 영상으로 나가는 일은 없다. 2011년 11월 어느 날의 상무회의는 진귀하게도 회의 모습이 TV 영상으로 소개되었다. 그날의 주요 의제가 내외에서 주목받은 '원저우(溫州) 열차사고 조

---

[9] 2015년 11월 기준 국무원은 총리: 리커창, 부총리: 장가오리, 류옌둥, 왕양, 마카이(馬凱), 국무위원: 양징, 창완취안(常萬全), 양제츠, 궈성쿤(郭聲琨), 왕융(王勇), 비서장: 양징(겸직), 부비서장[正部長級]: 샤오제(肖捷), 왕융칭(汪永淸), 딩샹양(丁向陽), 장샤오쥐안(江小涓), 샤오야칭(肖亞慶), 수샤오친(舒曉琴), 장쩌린(江澤林), 멍양(孟揚)으로 구성되어 있다.

사 보고'였기 때문인데, 중앙정부가 이 사고를 중시하고 있다는 것을 국내외에 호소하는 노림수로 여겨진다. 사족이지만 당시 원자바오 이하 출석자는 모두 넥타이를 착용하지 않은 점퍼 차림이었다.

전체 각료가 모이는 국무원 전체회의는 1년에 2~3회 개최된다. 상무회의, 전체회의 외에도 다양한 국무원 관련 회의가 중난하이에서 열리는데 주택, 의료, 교통 등 다양한 주제마다 회의는 관련 지방정부와 TV로 연결되어 개최되며, 그 모습도 공개되고 있다.

3) 빠듯한 일정

그런데 당황스러운 것은 '일본 총리의 하루'와 같이 기자들이 하는 도어스텝 인터뷰(doorstep interview)[10]를 중국에서는 할 수 없다는 것, 혹은 정례 기자회견 등의 정보공개가 이루어지지 않는다는 것이다. 다만 전 총리가 퇴임 이후 자신의 집무일지와 같은 회고록[예를 들면 『시장과 조정: 리펑 경

---

10) 기자가 공인에게 비공식적으로 접근해 비공개를 전제로 하는 인터뷰를 의미한다.

제일기(市場與調控 李鵬經濟日記)』]을 공표하고 있는데, 이것을 보면 총리급의 일정은 대단히 빠듯하다. 정례의 국무원 상무회의(각의) 외에 총리 사무회의(비서회의), 당과의 연락회의 등 빡빡한 일정으로 짜여 있는데, 집무는 심야까지 이르고 있다.

또한 지방에서 올라오는 진정서(陳情書)도 많기 때문에 그 대응에 내몰리고 있다. 과거 원자바오(2003~2013년 재직)의 비서였던 인물은 광시좡족자치구(廣西壯族自治區)의 어느 촌(村)에서 출생했는데, 베이징대학 출신의 엘리트로서 촌에서 가장 출세한 인물이었다. 예전 같으면 과거의 장원(壯元) 급제에 해당하는 우수한 인재였는데, 고향에서는 '중난하이'의 총리 비서라는 높은 평판으로 알려졌다. 촌에서 베이징으로 올라온 중국의 한 공무원은 필자에게 그와 만나는 것(중난하이에 들어가는 것)이 꿈이라고 말하기도 했다.

중국 수뇌(首腦)의 움직임은 어지러울 정도로 빠르며, 빈번하게 지방 시찰과 지진 사건 등의 현장에도 발걸음을 옮기고 있다. '움직이는 중난하이'라는 말이 있을 정도로 총리의 지방 시찰에서는 반드시 주요 각료와 두뇌집단이 수행하며, 이동하는 열차와 비행기 안에서도 회의를 하는 것은 다른 국가에서 유사한 사례를 찾기 힘들다.

국무원 싱크탱크 중 하나인 국무원 발전연구센터는 조양 문내대가(朝陽門內大街)에 있고 총리 및 부총리의 두뇌집단 인 국무원연구실은 중난하이에 있다. 이 두뇌집단 및 싱크 탱크 연구자와 국외 연구기관 및 연구자 간의 교류는 빈번 하며 개별적으로 방문하는 일도 가능하다.

4) 리커창 내각의 세대별 구성

리커창 내각의 세대별 구성을 살펴보면 지방 인사처럼 세대교체가 진행되고 있지 않다. '60후'는 총리는 물론 국무 위원, 부장급에서도 전무하다. '40후'는 실제로는 '40미(40尾, 1945년 이후 출생자)'인데 부총리, 국무위원급 및 일부 유임(재 임) 각료가 이에 해당한다. 부장급에서는 원자바오 내각에 비해 '40후'는 12명에서 5명으로 대폭 감소했고 그만큼 '50 후'가 증가하고 있다.

중국 역사상 최연소 부장(장관)인 교통부장 장춘셴(張春賢, 1953~, 현재 신장웨이우얼자치구 서기)은 취임 시 49세였다. 마 찬가지로 2003년 철도부장에 취임한 류즈쥔(1954~, 오직 혐 의로 실각)도 49세에 부장으로 취임했다. 현재 리커창 내각 구성원 중 최연소 부장은 국가민족위원회 주임인 왕정웨이

〈표 3-4〉국무원 부장급의 당내 지위 비교

구분	원자바오 내각		리커창 내각	
	국무위원	부장, 주임, 행장	국무위원	부장, 주임, 행장
정치국원	1	0	0	0
중앙위원	4	21	5	22
중앙후보위원	0	2	0	0
당원	0	2	0	2
비(非)당원	0	2	0	1

주: 중국이 발표한 명부에 기초해 필자가 작성함.

〈표 3-5〉리커창 내각 구성원의 세대별 구성

구분	원자바오 내각		리커창 내각	
	총리부, 총리, 국무위원	부장, 주임	총리, 부총리, 국무위원	부장, 주임
40후	9	12	4	5
50후	1	15	6	20
60후	0	0	0	0
합계	10	27	10	25

주: 리커창 내각에서는 철도부 및 위생부의 통합으로 부장직이 2명 감소함.

(王正偉)로 1957년생이다. 지방의 최연소 성장(省長)인 헤이룽장성(黑龍江省) 성장 루하오(陸昊, 1967~)[11]와는 10년 정도

---

11) 원적(原籍)은 상하이이며, 산시성(陝西省) 시안에서 출생했다. 1985년 중국 공산당에 가입했고, 베이징대학 경제관리과를 졸업했으며 경제학 석사학위를 소지하고 있다. 베이징시 부시장 및 공청단 중앙서기처 제1서기 등을 역임했으며, 현재 중국공산당 중앙위원으로서 헤이룽장성 당 위원회 부서기

나이차가 난다. 국무원은 지방정부 정도로 대폭적인 세대교체가 진행되지는 않는 모습이다. 왕정웨이는 16기(2002년)부터 중앙위원이었는데, 그는 당시 45세로 16기 중앙위원 중에서 최연소 위원이었다.

5) 중앙과 지방

그런데 앞에서도 언급했던 '정령불출중남해'라는 말처럼 중앙의 정책 방침이 지방에서 관철되기까지 시간이 걸리며, 때로는 지방이 이것을 무시하는 현상도 보인다. 한편, 지방 간부가 중앙위원으로 지명되는 것은 물론, 중앙에서의 지위를 노리기 위해서는 '중난하이'를 향한 충성과 지방에서의 실적이 대단히 중요하다.

지방 간부에게 '중앙'이라는 존재는 대단히 큰 것이며, 일본에서 말하는 '중앙 관청'과 같은 정도의 비중이 아니다. 과거 어느 연회에서 지방간부와 중앙간부(후보생) 사이에 동석할 기회가 있었다. 부장조리(部長助理, 장관 비서 혹은 보좌관)에 불과했던 중앙간부 한 명이 있었는데, 그 사람이 가운데 앉

및 성장이다.

아 있을 때 어느 지방 출신의 국장(局長)이 필자에게 했던 발언이 기묘하게 아직까지 귀에 맴돌고 있다. "저분은 중앙이시니까." 실로 '중난하이'라는 말의 영향력은 그 이상이다. '중난하이'에 들어가는 것, 즉 '중앙 진입'과 '중난하이'에 인맥을 갖는 것은 대단히 중요하며 일종의 출세 가도가 된다. 누구나 '중난하이 진입'을 지향하고 있다. 그런데 '중난하이 진입'을 위한 등용문은 우선 중앙위원이 되는 것이다.

제4장

중난하이에는 누가 있는가?

1. 중난하이에 진입한 사람은 누구인가?

1) 정치국 상무위원

중국공산당을 집정당(執政黨)으로 하는 중국 최고 의사결정기관은 당 중앙정치국 상무위원회이다. 2012년 제18차 당대회에서 결정된 정치국 상무위원은 17기 9명에서 7명으로 감소했다. 또한 2017년 제19차 당대회에서는 현재 7명 상무위원 중 시진핑과 리커창을 제외한 5명이 연령 제한(중국 최고 지도자의 정년은 70세이지만 실제로는 67세 전후가 은퇴 연령)과 '3선 금지[「당행정지도간부직무임기잠행규정(黨行政指導幹部職務任期暫行規定)」]'에 따라 은퇴에 내몰리게 된다(왕치산에 대해서는 255쪽 (6) 시진핑 정치의 행방: '잠규칙' 부분 참조).

그런데 2017년 제19차 당대회 인사에서는 대폭적인 교체 가능성이 있고 '중난하이의 거주자'도 크게 변하게 된다. 차기 상무위원 후보자는 현재 정치국원 18명 중에 있는데, 과거에 있었던 것과 같은 중앙위원에서 '2계급 특진'(항간에서는 '헬리콥터 간부'라고 야유를 받고 있음)은 없을 것이다.

게다가 향후에 인원수도 7명에서 9명으로 되돌아갈 가능성이 있다. 또한 흔히 말하는 '태자당' 출신의 인재는 서서히 희박해지고, 공청단 출신자가 상대적으로 증가하게 될 것으로 추측된다.

2) 정치국원

18기 정치국은 17기와 마찬가지로 25명으로 구성되었다. 그 내역은 상무위원 7명, 정치국원 18명이다. 또한 정치국원 18명 가운데 류옌둥, 리위안차오(李源潮), 왕양 3명이 유임되고(상무위원으로 승격되지 못함), 나머지 15명이 새롭게 포진되었다. 그 소속별 내역(당대회 후의 겸무직)을 보면 국가부주석 1명, 전국인대 1명, 군 2명, 국무원 3명, 당중앙 5명, 지방 6명이다. 상무위원 중 여성은 없는데 류옌둥은 유임되었

〈표 4-1〉 정치국 상무위원, 정치국원, 중앙위원 인원 추이

구분	15기(1997년)	16기(2002년)	17기(2007년)	18기(2012년)
정치국 상무위원	7	9	9	7
정치국원	22	24	25	25
중앙위원	193	198	204	205
중앙후보위원	151	158	167	171

주: 정치국원은 상무위원을 포함한다.
자료: 중국이 공식 발표한 자료에 기초해 필자가 작성함.

고 푸젠성(福建省) 당 위원회 서기였던 쑨춘란(孫春蘭)은 정치
국원이 되었고, 이후 상무위원으로 승격된 장가오리의 후임
으로 톈진시 서기가 되었다. 정치국원에 여성 2명이 들어간
것은 문화대혁명 시기인 1969년 9기 중앙위원회에서 장칭
과 린뱌오의 부인 예췬(葉群) 이래 처음이었다.

그 후 쑨춘란은 2014년 12월 실각한 링지화의 후임자로
통일전선공작부장에 취임했다. 당 4역(四役, 조직부장, 선전부
장, 통일전선공작부장, 대외연락부장) 중 조직부장 자오러지(趙樂
際)와 선전부장 류치바오(劉奇葆)의 자리는 정치국원의 직책
이다. 이에 반해 통일전선공작부장과 대외연락부장의 자리
는 중앙위원의 직책이다. 특히 통일전선공작부에 정치국원
이 취임하는 것은 이례적이다. 푸젠성 서기를 역임했으며,
시진핑의 신뢰가 두터운 정치국원 쑨춘란의 취임은 타이완
공작의 강화와 전임 통일전선공작부장이었던 링지화의 나

중앙위원, 정치국원 선출 과정

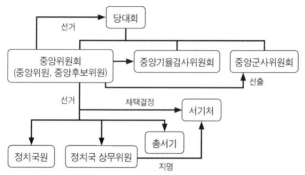

주: 전국 1/3의 성이 요구했을 경우 당대회를 통해 개최할 수 있다. 중앙위원과 중앙후보
위원은 5년 이상의 당력이 필요하다. 정치국원 이상은 3선 금지(「당행정지도간부직
무임기잠행규정」), 국가 지도자의 3선 금지는 헌법 규정에 의한다. 정치국원의 연령
제한은 70세로 말해지기도 하지만 최근 경향은 '유칠하팔'이 되고 있다.

뻔 이미지를 불식시키려는 노림수일 것이다.[1] 그런데 쑨춘
란은 2017년 당대회 개최 시기에 '67세'가 된다. 정치국 상
무위원에 취임할 수 있는 연령 상한선에 임박하게 되지만,
여성 최초로 정치국 상무위원에 취임할 가능성은 배제할 수
없다.

---

1) 한편 2016년 1월 16일 타이완 총통 선거 개표 결과, 야당 민주진보당의 차이
잉원(蔡英文)이 여당 중국국민당의 주리룬(朱立倫)을 제치고 승리해 정권 교
체와 함께 타이완 최초의 여성 총통으로 당선되었다.

〈표 4-2〉 정치국 상무위원

구분	16기(2002년)	17기(2007년)	18기(2012년)
총서기	후진타오(60)	후진타오(65)	시진핑(59)
정치국 상무위원	후진타오(60) 우방궈(吳邦國, 61) 원자바오(60) 자칭린(賈慶林, 62) 쩡칭훙(曾慶紅, 63) 황쥐(黃菊, 64) 우관정(吳官正, 64) 리창춘(李長春, 58) 뤄간(羅幹, 67)	후진타오(65) 우방궈(65) 원자바오(65) 자칭린(67) 리창춘(64) 시진핑(54) 리커창(52) 허궈창(64) 저우융캉(65)	시진핑(59) 리커창(56) ㅇ장더장(66) ㅇ위정성(67) ㅇ류윈산(65) ㅇ왕치산(64) ㅇ장가오리(66)
평균 연령	62.1	62.4	63.3
정치국원	왕러취안(王樂泉, 58) 왕자오궈(61) 후이량위(回良玉, 58) 류치(劉淇, 60) 류윈산(55) 우이(吳儀, 64) 장리창(張立昌, 63) 장더장(56) 천량위(56) 저우융캉(60) 위정성(57) 허궈창(賀國强, 59) 궈보슝(郭伯雄, 60) 차오강촨(曹剛川, 67) 쩡페이옌(曾培炎, 64)	왕강(王剛, 65) 왕러취안(62) 왕치산(59) 후이량위(63) 류치(65) 류윈산(60) 류옌둥(62) 리위안차오(57) 왕양(52) 장가오리(61) 장더장(61) 위정성(62) 쉬차이허우(徐才厚, 64) 궈보슝(65) 보시라이(58)	ㅇ마카이(66) 왕후닝(57) ㅇ류옌둥(67) 왕치바오(59) 쉬치량(62) 쑨춘란(62) 쑨정차이(孫政才, 49) ㅇ리젠궈(李建國, 66) 리위안차오(62) 왕양(57) 장춘셴(59) ㅇ판창룽(65) ㅇ멍젠주(65) 자오러지(55) 후춘화(49) 리잔수(62) ㅇ궈진룽(郭金龍, 65) 한정(韓正, 58)
평균 연령	59.8	61.1	60.3

주: ( ) 안숫자는 취임 시 만(滿) 연령이다. 18기 중 ㅇ표시 인물은 2017년에 은퇴할 가능성
이 높다.

그런데 쑨춘란의 후임으로 황싱궈 톈진시 시장이 톈진시 서기대리(書記代理)로 취임했다. 톈진시 서기의 직책은 역대로 정치국원이 맡아왔는데, 2017년 당대회 이전에 황싱궈와는 다른 정치국원이 취임할 가능성은 적다. 황싱궈는 저장성 시절 시진핑의 부하였고 두 사람 간의 관계는 좋다. 그리고 황싱궈는 2017년에도 63세로 정치국원으로 승격할 가능성이 높다. 그는 향후 승격한 후 톈진시 서기로 정식으로 취임하게 될 것으로 보인다.

　　정치국원급은 당중앙에서는 조직부장 등에, 국무원에서는 부총리에, 지방에서는 베이징, 상하이, 톈진, 충칭, 광둥 등 주요 지방의 서기에 배속된다. 이 새로운 인사에서 주목하는 것은 이른바 '60후'의 대표인데, 2017년 당대회에서의 상무위원 진입이 예상되는 충칭시 서기 쑨정차이(1963~)와 광둥성 서기 후춘화(1963~) 2명이다. 하지만 같은 '60후'의 유망주인 후난성 서기를 역임한 저우창(1960~)은 정치국 진입을 이루지 못했다. 법조계의 명문 시난정법대학(西南政法大學) 출신인 저우창은 최고인민법원장에 취임했기 때문에 '포스트 시진핑'의 후계 레이스에서 일보 후퇴하게 되었다.

3) 중앙서기처 서기

당 중앙서기처는 당의 일상적인 업무를 수행하는 기관이다. 중앙서기처는 17기 6명에서 18기에는 1명 증가한 7명 체제가 되었다.[2] 수석서기 류윈산은 일상적인 당무의 책임자인데, 17기에 이어 재임되었다. 류윈산은 정치국 상무위원에도 취임했다.

류윈산 외의 중앙서기처 구성원은 전원 신임이다. 중앙서기처 구성원은 역대 당 3역(三役, 중앙판공청 주임, 중앙조직부장, 중앙선전부장)이 들어가는데, 모두 정치국원이다.

서기처에는 18기에 새롭게 몽골족 출신으로 국가민족사무위원회 주임 양징이 추가되었다. 같은 신임인 두칭린(杜青林)은 제18차 당대회 전에는 통일전선공작부장으로 대회 전에 링지화와 함께 정치국원 후보에 올랐는데 입국(入局, 정치국 진입)하지는 못했고 서기처로 보내졌다. 링지화는 2014년 12월 22일 기율 위반 혐의로 실각했다.[3]

---

[2] 2015년 11월 기준 중국공산당 중앙서기처 서기는 류윈산, 류치바오, 자오러지, 리잔수, 두칭린, 자오훙주(趙洪祝), 양징으로 구성되어 있다.

[3] 이와 함께 링지화는 2014년 12월 31일 중국공산당 중앙통일전선부장에서 해임되었으며, 2015년 2월 28일 전국정협 부주석에서 해임되고 전국정협 위원

4) 중앙위원

　당대회에서는 총서기와 정치국 상무위원 및 정치국원을 선발하는 중앙위원, 중앙후보위원, 중앙위원 예비군이라고도 말할 수 있는 기율검사위원(紀律檢査委員) 교체가 이루어졌다. 2017년까지 400명의 신규 중앙위원이 인구 13억 명의 중국을 운영하게 된다. 수뇌부 인사에도 주목할 필요가 있지만 향후 10년, 15년 후의 체제 및 인사를 점칠 경우 이 중앙위원, 중앙후보위원, 기율검사위원의 면면이 중요하다.

　18기에 선출된 정치국원 25명 중 약 절반은 10년 전 제17차 당대회에서는 평당원(平黨員) 또는 중앙후보위원에 불과했다. 거꾸로 말하면 이번 중앙위원, 중앙후보위원, 기율검사위원 명부 중에 10년 또는 15년 후에 최고지도부를 형성하게 될 구성원이 포함되어 있을 가능성이 높다.

　205명 중앙위원 중 일부는 이미 정치국 진입을 이루었고 5년 후에는 더욱 상위인 정치국 상무위원으로 승격할 조건을 갖추고 있다. 171명 중앙후보위원은 10년 후 정치국에

의 자격을 박탈당했다. 그리고 2015년 7월 20일 중국공산당은 링지화의 당적(黨籍) 박탈과 모든 공직에서의 해임을 선포했다.

진입하거나 혹은 일거에 그 위로 올라갈 가능성도 있다. 그들은 문자 그대로 '후보' 지도자이다.

우선 중앙위원의 면면부터 그 특징을 살펴보면 '50후'가 핵심 연령대이고 일부에 '60후' 지도자도 선출되었다. 하지만 '70후' 중앙위원은 없다. 중앙위원은 기본적으로 지방 서기, 성장, 국무원 부장(각료) 등 '정부급(正部級)' 간부가 중심이다. 기업 대표는 국유기업, 글로벌기업[≪포춘(Fortune)≫ 선정 500대 기업]으로 민영기업(民營企業)의 대표는 없다.

출신 대학은 지린대학(吉林大學, 당 관료), 중국인민대학(中國人民大學, 정부 관료), 시난정법대학(법조계 및 기율검사위원회)이 많다. 중앙당교 출신자도 많은데 중앙당교는 간부 양성을 위한 학교이다. 최근의 간부는 중앙당교에서의 연수에 더해 우수한 인재는 하버드대학 케네디스쿨에서 공공관리 등 단기연수에 참가하는 사례가 증가하고 있다. 그래서 하버드대학을 '제2의 중앙당교'라고 부르기도 한다.

한편, 18기 중앙위원 250명 가운데 3명이 실각 및 해임되어 이를 보충하기 위해 중앙후보위원 3명이 승격되었다.[4]

---

4) 2014년 10월 리둥성(李東生), 장제민(蔣潔敏), 양진산(楊金山) 3명이 기율 위반으로 당적 박탈 처분을 받아 각각 마젠탕(馬建堂), 왕쭤안(王作安), 마오완

5) 중앙후보위원

중앙후보위원은 문자 그대로 중앙위원이 되기 일보 직전의 지위에 있고, 중앙위원에 결원이 발생할 경우 순서에 따라 올라가는 틀이다. 그 때문에 중앙위원 명부가 성의 간체자의 필획 순서에 따르는 것에 반해, 중앙후보위원은 득표순으로 발표되고 있고 상위부터 순서대로 승격된다.

중앙후보위원의 진용(陣容)은 연령적으로 볼 때 중앙위원보다 더욱 젊다. 구성원에 '40후'뿐 아니라 '50후'가 핵심인데 후반 세대의 집중도가 높다. 또한 중앙위원의 경우 '60후'가 겨우 9명인 것에 반해 중앙후보위원은 68명으로 전체의 40%에 달하고 있다. 이들은 실로 '후보'이다.

한편 국무원 등의 조직은 부서기, 부성장, 부부장급이 중심이다. 기업 출신 위원은 전부 대형 국유기업 출신으로 일부 사전에 예측된 건설·기계 제조사 31중공(三一重工)의 량원건(梁穩根), 장쑤성에 있는 섬유그룹 훙더우(紅豆)의 저우하이

춘(毛萬春)으로 교체되었다. 또한 2015년 10월 추가로 링지화, 저우번순(周本順), 양둥량(楊棟梁) 3명이 기율 위반으로 당적 박탈 처분되어 각각 류샤오카이[劉曉凱, 먀오족(苗族)], 천즈룽[陳志榮, 리족(黎族)], 진전지[金振吉, 조선족(朝鮮族)]로 교체되었다.

장(周海江), 화시그룹(華西集團)의 우셰언(吳協恩) 등이고 민영기업 간부는 중앙위원은 물론이고 중앙후보위원에도 진입하지 못했다.

그런데 중앙후보위원 중 쑹리핑(宋麗萍) 선전증권거래소(深圳證券交易所) 총경리 등 일본 유학 및 연수 경험자가 2명이 포함되었는데, 하버드대학 유학 경험자가 9명인 것과 비교하면 그 차이는 역력하다. 인맥 형성에 있어 미·중 간의 접근에는 괄목할 만한 점이 있다.

18기 중앙후보위원 가운데 이제까지 5명이 기율 위반 혐의 등으로 실각했는데, 중앙후보위원의 경우에 보충은 하지 않는다.5)

6) 중앙위원의 소속 단위별 특징

중앙위원 및 중앙후보위원에 대해 선출 출신별 구성과 특징을 17기와 비교해 살펴보도록 하겠다. 18기의 선거 단

---

5) 2015년 10월 중국공산당 중앙후보위원 주밍궈(朱明國), 왕민(王敏), 천촨핑(陳川平), 처우허(仇和), 양웨이쩌(楊衛澤), 판이양(潘逸陽), 위위안후이(余遠輝) 7명이 기율 위반으로 당적 박탈 처분을 받았다.

〈표 4-3〉 18기 중앙위원, 중앙후보위원의 출신별 구성

구분	중앙위원		중앙후보위원	
	인원(명)	비중(%)	인원(명)	비중(%)
중앙	20	9.8	1	0.6
지방	50	24.4	103	60.2
국무원	63	30.7	18	10.5
군	41	20.0	18	10.5
기업	7	3.4	19	11.1
기타	24	11.7	12	7
합계	205	100.0	171	100.0

주: 중앙위원 및 중앙후보위원 명부에 기초해 필자가 집계, 정리한 것이다(공식 발표에 의한 것은 아니다). 선출 시의 소속에 의한 것이고 그 후 실각자도 포함되어 있다.

위별 중앙위원 및 중앙후보위원의 내역은 〈표 4-3〉과 같다.

선출 수로 보면 중앙위원 및 중앙후보위원 모두 '지방'이 가장 많다. 중국 31개 지방 서기와 성장 및 시장은 기본적으로 중앙위원이고 부서기와 부성장은 중앙후보위원이다.

지방에 이어 '국무원'의 관원(官員)이 많다. 국무원 각 부의 부장(장관)은 중앙위원으로 선출되고, 지방과 마찬가지로 부부장급은 중앙후보위원이다.

군(중국인민해방군)에서는 매 기수별로 일정한 인원이 선출되고 있다. 18기의 군 출신 중앙위원은 17기 대비 3명 상회했다. 각 군종(軍種, 육군/공군/해군/미사일부대), 지역별 군구(軍區) 사령관이 선출되고 있다.

〈표 4-4〉 중앙위원, 중앙후보위원의 출신별 구성 추이

단위: 명

구분	16기		17기		18기	
	중앙 위원	중앙후보 위원	중앙 위원	중앙후보 위원	중앙 위원	중앙후보 위원
당중앙	20	7	15	3	20	1
국무원	55	13	51	13	50	18
군	44	21	36	19	41	18
지방	62	85	63	86	63	103
기업	-	18	1	23	7	19
기타	17	14	39	22	24	12
합계	198	158	205	166	205	171

주: 중앙위원 및 중앙후보위원 명부에 기초해 필자가 집계·정리한 것이다(공식 발표에 의한 것은 아니다). 선출 시의 소속에 의한 것이고 그 후 실각자도 포함되어 있다.

18기 중앙위원의 기본 구성은 17기와 동일하다. 군, 국무원, 지방이 거의 동등하게 분배되었고 군 출신자가 조금 증가했다.

기업 대표는 17기의 1개 회사[중국핵공업집단공사(中國核工業集團公司)]에서 7개 회사로 대폭 증가했다.

16기, 17기, 18기 선거 단위별로 중앙위원의 구성을 살펴본 것이 〈표 4-4〉이다. 16기, 17기, 18기 세 기수 모두 기본적으로 큰 차이는 없다고 말할 수 있다. 18기의 경우 중앙후보위원의 구성에서는 지방이 이전 두 기수의 50%를 상회해 60%에 도달하고 있는 점이 크게 다르다. 이는 지방에서의

<표 4-5> 중앙위원, 중앙후보위원의 연령별 구성

단위: 명

구분	중앙위원(%)	중앙후보위원(%)	기율검사위원(%)
40후	31(15.1)	0(-)	6(4.6)
50후	165(80.5)	103(60.2)	113(86.9)
60후	9(4.4)	66(38.6)	11(8.5)
70후	0(-)	2(1.2)	0(-)
합계	205(100.0)	171(100.0)	130(100.0)

주: 중앙위원 40후 31명 중 14명은 정치국원급 이상이다.

경험을 장려하려는 목적이 있기 때문이라고 여겨진다.

기업에서는 석유·에너지, 통신, 항공, 철강 등 19명이 중앙후보위원으로 선출되었다. 말하자면 업계 대표인데 17기에서 유일하게 중앙위원에 선출되었던 중국핵공업집단공사 대표였던 총경리가 오직 혐의로 체포된 것이 영향을 미쳤기 때문인지, 18기에는 중앙후보위원으로 강등되었다. 금융계에서는 중국인민은행, 교통은행(交通銀行), 건설은행(建設銀行) 등 7명이 중앙후보위원으로 선출되었는데, 기대되었던 민영기업가는 전무했다.

지방별로 중앙위원, 중앙후보위원, 기율검사위원 수를 살펴보면 지방은 기본적으로 중앙위원 2명(서기와 성장), 중앙후보위원 3~4명, 기율검사위원 1명으로 배분되어 있다.

또한 중앙위원의 경우에는 연령 구성으로 보면 50후가 17

기 27%에서 80.5%로 대폭 증가해 핵심적 존재가 되고 있다. 60후는 9명으로 그중 2명은 정치국원으로 선출되었다 (〈표 4-5〉 참조).

7) 중앙기율검사위원의 구성

중앙기율검사위원회는 당원의 오직과 부패를 단속하는 기관이다. 1982년 제10차 당대회부터 조직되어 수석서기는 정치국 상무위원 구성원의 겸무직이 되었다. 위원은 130명으로 구성되어 있는데 정수는 일정하지 않다.[6] 31개 지방 및 각 조직에도 기율위원회가 있다. 130명 중 대부분이 각 지방, 기관의 기율위원회 구성원인데 일부는 기율 관계 직위에 취임하지 않은 위원도 있고 중앙위원, 중앙후보위원에서 배제된 젊은 유망 간부가 이곳으로 흡수되는 것으로 여겨진다. 중앙의 기율검사위원은 각 지방의 기율검사위원 중 1명이 임명되는 것이 기준이다.

---

[6] 2015년 11월 기준 중국공산당 중앙기율검사위원회는 서기 왕치산, 부서기 자오훙주, 황수셴(黃樹賢), 두진차이(杜金才), 우위량(吳玉良), 장쥔(張軍), 천원칭(陳文清), 양샤오두(楊曉渡), 류진궈(劉金國)로 구성되어 있다.

기율검사위원에도 기업 대표가 있다. 식품 대기업 중량그룹유한회사(中糧集團有限公司) 이사장 닝가오닝(寧高寧), 중국인수보험(그룹)회사[中國人壽保險(集團)公司] 이사장 양밍성(楊明生)이 기업 출신으로는 처음 기율검사위원에 선출되었던 것이 주목받기도 했다.

2. 중국인민해방군 인사와 중난하이

1) 18기 중앙위원 중 군 출신자

(1) 3대 세력 중 하나

2012년 제18차 당대회에서 선출된 중앙위원, 중앙후보위원 가운데 중국인민해방군 출신자는 각각 41명, 21명이었다. 17기에 비해 중앙위원은 1명 감소, 중앙후보위원은 2명 증가로 1명이 순증(純增)했다. 그런데 중앙위원, 중앙후보위원의 합계는 17기에는 전기(前期) 대비 4명 감소했다. 중앙위원, 중앙후보위원 모두 전체 정원은 정해져 있지 않고 중국인민해방군에서의 선출 인원도 매 기수별로 다르다. 그런데 중국인민해방군 출신자는 중앙위원에서는 이미 40명,

<표 4-6> 중앙위원, 중앙후보위원에서의 중국인민해방군의 지위

단위: 명

구분	16기		17기		18기	
	중앙 위원	중앙후보 위원	중앙 위원	중앙후보 위원	중앙 위원	중앙후보 위원
해방군	44	21	42	19	41	18
당중앙	20	7	15	3	20	1
국무원	55	13	51	13	49	18
지방	62	85	62	86	64	103
기업	2	18	2	23	7	19
기타	15	14	32	21	24	12
합계	198	158	204	165	205	171

주: 수치는 선출 시에 의한 것이고 또한 공식적으로 발표된 것이 아닌 필자의 집계에 의한 것이다.

중앙후보위원을 합치면 60명으로 중앙위원, 중앙후보위원 전체에서 차지하는 비중은 약 15%이고 국무원, 지방과 함께 3대 세력 중 하나이다.

7대 군구(七大軍區: 베이징, 란저우, 지난(濟南), 난징, 청두(成都), 광저우)[7] 별로 중앙위원 선출 수를 살펴면 중앙위원은 7대 군구 전체에서 2명이 선출되었다. 2명은 일반적으로 군구 사령원(司令員, 사령관)과 정치위원(政治委員)으로서 군구에서

---

7) 2016년 2월 1일 중국인민해방군 7대 군구는 동부, 남부, 서부, 북부, 중부의 5대 전구(戰區)로 개편되었다.

〈표 4-7〉 대군구별 중앙위원, 중앙후보위원

단위: 명

구분	중앙위원	중앙후보위원	비고
베이징	2	2	중앙후보위원은 부정치위원(副政治委員)과 38집단군장
란저우	2	1	중앙위원 1명은 신장 사령원, 중앙후보위원 1명은 정치부 주임
지난	2	1	중앙후보위원은 부사령원
난징	2	2	중앙후보위원은 참모장과 정치부 주임
광저우	2	2	중앙후보위원은 공군 사령원과 남해함대(南海艦隊) 사령원
청두	2	1	중앙위원 1명은 티베트 사령원, 중앙후보위원은 부사령원
선양	2	2	중앙후보위원은 군장(軍長)과 정치부 주임

주: 선출 당시의 소속에 따라 집계된 것이다.

의 1인자와 2인자이다. 그런데 란저우군구 및 청두군구의 경우에는 군구 사령원과 대군구(大軍區) 산하에 있는 중군구(中軍區) 사령원이 선출되었다.

중앙후보위원의 경우에는 베이징, 난징, 광저우, 선양(瀋陽) 군구에서 각 2명, 란저우, 지난, 청두 3개 군구에서 각 1명이 선출되었다. 중앙후보위원의 대다수는 각 군구의 부사령원(副司令員, 부사령관)인데 베이징에서만 38집단군장(38集團軍長)이 중앙후보위원이다. 최강 부대라고 불리는 38집단군

[주둔지: 허베이성 바오딩(保定)]은 인사상으로도 중시되고 있다. 당시 중앙후보위원으로 선출된 38집단군장은 쉬린핑(許林平)으로 러시아군사학원에서 유학한 경험이 있고 '정보화 전쟁'의 전문가로 알려져 있는 중국인민해방군 소장(少將)이다.[8]

(2) 정치국원 이상의 군 출신자

군 출신 중앙위원 중 정치국원 이상은 3명뿐인데 중앙군사위원회 주석 겸 정치국 상무위원 시진핑은 군인이 아니다. 군인이 정치국 상무위원에 취임한 사례는 문화대혁명 시기 린뱌오(군사위원회 부주석 겸 국방장관, 1959~1972년 재직), 제10~12기의 예젠잉(군사위원회 부주석 겸 국방장관, 1973~1986년 재직), 리더성(李德生, 선양군구 사령원, 1973~1997년 재직)뿐이며, 최근에는 최고 지도자 7명 또는 9명(정치국 상무위원)에 군인이 들어가는 일은 아직 없다.

---

8) 2016년 2월 1일 개편된 5대 전구 사령원과 정치위원 구성은 다음과 같다. 동부 전구[사령원: 류웨쥔(劉粵軍), 정치위원: 정웨이핑(鄭衛平)], 남부 전구[사령원: 왕자오청(王敎成), 정치위원: 웨이량(魏亮)], 서부 전구[사령원: 자오쭝치(趙宗岐), 정치위원: 주푸시(朱福熙)], 북부 전구[사령원: 송푸쉬안(宋普選), 정치위원: 추이민(褚益民)], 중부 군구[사령원: 한웨이궈(韓衛國), 정치위원: 인팡룽(殷方龍)].

군사위원회 부주석 2명은 상례에 따라 정치국원에 취임하는데, 수석 부주석 판창룽(1947년 출생, 육군 출신 상장)은 2002년 16기에서는 왕양 부총리 겸 정치국원 등과 함께 중앙후보위원였다. 판창룽은 17, 18기 연속해서 중앙위원으로 선출되었는데, 군력(軍歷)과 함께 당력도 이례적인 속도로 승진했다고 볼 수 있다.

같은 부주석인 쉬치량은 판창룽보다 당력이 오래되었는데 입당은 1967년에 했으며, 1992년 14기부터 중앙에 진입했고(중앙후보위원), 15기에도 중앙후보위원에 그쳤지만 16기부터 연속 3기 동안 중앙위원으로 선출되었다. 쉬치량은 군력에 있어서도 항상 '사상(史上) 최연소' 기록을 갖고 있다. 그의 부친[쉬러푸(許樂夫)]도 전임 공군 부정치위원이었다.

2) 군 지도자의 세대별 구성

(1) 80%가 50후

군 출신 중앙위원, 중앙후보위원을 세대별로 살펴보면 80%가 50후이다. 전체 중앙후보위원 중 50후가 60%를 차지한다는 것을 통해서도 군의 연소화가 진행되고 있다는 것을 알 수 있다. 다만 전체 중앙후보위원 중 약 40%가 60후

<표 4-8> 군 출신 중앙위원, 중앙후보위원의 연령별 구성

단위: 명

구분	중앙위원	중앙후보위원	합계
40후	6	0	6
50후	33(80.5)	17(80.9)	49(79.0)
60후	0	4	4
합계	39	21	59

주: ( ) 안은 백분율(%)이다.

인 반면, 군 출신 60후는 겨우 4명밖에 되지 않는 것을 볼 때 군에서 차기 지도자가 될 60후의 대두는 아직 무르익지 않은 단계라는 것을 알 수 있다.

군인의 계급을 이르는 군함(軍銜, 군 계급)별로 보면 중앙위원에서는 중장(中將), 상장을 합쳐 38명, 중앙위원 대부분이 중장 이상이고 상장이 절반 이상이다. 2012년 중국공산당 제18차 당대회에서 중앙위원으로 선출되어 그 직책에 적합한 군 인사가 이루어지고 군함 역시 당대회 이후 약 10명이 상장으로 임명되었다. 다음에 살펴보겠지만 당내 지위·군 지위·군함이라는 세 개의 지위와 계급 인사는 거의 연동한다고 봐도 좋다.

군의 주요 지도자는 대개 16세에서 28세 사이에 입대한다. 즉, 중졸 또는 고졸로 군대에 들어간 후 군 간부학교, 군

〈표 4-9〉 군함별 중앙위원, 중앙후보위원의 구성

구분	중앙위원	중앙후보위원	합계
상장	22	0	22
중장	16	9	25
소장	1	10	11
합계	39(41)	19(21)	58(62)

주: 무경(武警) 소속을 포함하고, 합계의 ( ) 안은 해방군 전체 숫자이다.

종별 군사학원, 국방대학 등에서 학습이나 연수를 하는 것이 일반적이다. 중앙위원에는 박사 학위를 가진 군인이 적은데, 중앙후보위원에서는 서서히 대두되고 있다. 무기의 현대화와 '정보화 전쟁' 시대에 맞추어 군사기술의 습득이 필요해지고 있기 때문이다. 문인 간부와 달리 하버드대학 경험자는 대단히 적고, 유학 행선지 또한 러시아가 많다. 하버드대학으로의 행정 간부 연수가 왕성해지고 있는 오늘날, 향후 구미에서 군사연수를 받을 기회도 있을 것으로 예상된다.

⑵ 국가중앙군사위원회

군의 최고 결정기관인 당 중앙군사위원회는 같은 구성원으로 국가중앙군사위원회(國家中央軍事委員會)를 구성한다. 그 구성원은 11명이고 주석 시진핑을 제외하고 10명이 군인(제복조)이다. 국가중앙군사위원회는 2명의 부주석과 8명의 위원으로 구성되어 있고 국방부장, 4총부[四總部:9] 총참모부(總參謀部), 총정치부(總政治部), 총후근부(總後勤部), 총장비부(總裝備部)], 3군종[三軍種: 해군, 공군, 제2포병(전략미사일부대)][10] 사령원이 상시 구성원이 된다. 구성원 수는 과거 10년간 일정하지 않았고 정세에 따라 교체가 이루어졌다.

군 인사에서도 '유칠하팔'의 원칙이 관철되고 있다. 2012년 당대회 전야의 군 인사 관련 예측에서는 우선 부주석 후보에 공군 출신 쉬치량의 이름이 거론되었다. 쉬치량은 예

---

9) 2016년 1월 11일, 기존의 중국인민해방군 '4총부 체제'가 사라지고 중국인민해방군 총참모부는 중앙군사위원회 연합참모부(聯合參謀部), 중국인민해방군 총정치부는 중앙군사위원회 정치공작부(政治工作部), 중국인민해방군 총후근부는 중앙군사위원회 후근보장부(後勤保障部), 중국인민해방군 총장비부는 중앙군사위원회 장비발전부(裝備發展部)로 각각 공식 명칭이 바뀌었다. 이와 함께 중국인민해방군 총참모부 군훈부(軍訓部)가 중앙군사위원회 훈련관리부(訓練管理部), 중국인민해방군 총참모부 동원부(動員部)가 중앙군사위원회 국방동원부(國防動員部)로 각각 공식 명칭이 바뀌어 성립되었다.

10) 2015년 12월 31일 중국인민해방군 제2포병의 공식 명칭이 중국인민해방군 화전군(火箭軍, PLARF: People's Liberation Army Rocket Force)으로 변경되어 베이징에 사령부가 설치되었다. 이와 함께 같은 날 중국인민해방군 전력지원부대(戰力支援部隊, PLASSF: People's Liberation Army Strategic Support Force)가 새롭게 성립되었다.

〈표 4-10〉 당 중앙군사위원회, 국가중앙군사위원회 명부(2015.12.30 기준)

구분	성명	당내 지위	겸무직(전직)
주석	시진핑(1953)	정치국 상무위원· 총서기	승격(부주석)
부주석	판창룽(1947)	18기 정치국원·상장	전임 지난군구 사령원 (대발탁 인사, 수석 부주석)
부주석	쉬치량(1950)	18기 정치국원·상장	전임 공군 사령원[부주석 전종 (專從), 후진타오와 가까움]
위원	창완취안(1949)	18기 중앙위원·상장	국무위원·국방부장
위원	팡펑후이 (房峰輝, 1951)	18기 중앙위원·상장	총참모장(베이징군구 사령원, 후진타오의 복심, 대발탁)
위원	장양(張陽, 1951)	18기 중앙위원·상장	총정치부 주임 (광저우군구 사령원)
위원	자오커스 (趙克石, 1947)	18기 중앙위원·상장	총후근부장(난징군구 사령원, 시진핑과 가까움)
위원	장유샤 (張又俠, 1950)	18기 중앙위원·상장	총장비부장(선양군구 사령원, 시진핑과 가까움)
위원	마샤오톈 (馬曉天, 1949)	18기 중앙위원·상장	공군 사령원(부총참모장)
위원	우성리 (吳勝利, 1945)	18기 중앙위원·상장	해군 사령원(해군 사령원)
위원	웨이펑허 (魏鳳和, 1954)	18기 중앙위원·상장	제2포병 사령원(부총참모장)

주: 성명 뒤 ( )는 출생 연도이다.

상대로 공군 출신으로는 처음으로 취임해, 이제까지의 육군 중심의 인사에 신선한 바람을 일으켰다. 이는 후진타오가 주도한 인사라는 관측이 전반적이었다. 마찬가지로 부주석으로 취임할 것으로 소문이 났던 창완취안은 부주석 인사에서 배제되어 당대회 개최 이듬해 전국인대에서의 추인을 통해 국방부장에 취임했다. 그가 부주석이 되지 못했던 것은 총참모부 경험이 없었기 때문이었다는 지적이 있다. 하지만 대군구 사령원이었던 창완취안이 부총참모장과 총참모부 경험이 없는 상태에서 국방부장에 취임한 것도 이례적인 인사였다. 중국의 국방부장은 역대로 육군 출신자로서 총참모부 경험자가 담당해왔다.

또 다른 부주석에 유력한 후보로 지난군구 사령원 판창룽이 언급되었는데, 사령원에서 수석부주석으로의 승격은 이례적인 발탁이었기에 의문시하는 흐름도 있었다. 확실히 역대 군령계(軍令系) 부주석은 모두 총참모장 또는 부총참모장 경험자였다. 판창룽은 총참모장조리(總參謀長助理)라는 지위로 총참모부 경험은 있지만, 역대 부주석에 비하면 명백히 '격이 떨어지는' 이례적인 인사라고 할 수 있다.

판창룽과 같은 연령인 자오커스 총후근부장과 군력과 승진을 비교하면, 입대는 자오커스가 1년 빠르지만 그 후 군력은 거의 비슷한 길을 걸어왔다. 그러나 집단군장(集團軍長) 취임은 판창룽이 6년 빠르고 군구 참모장에도 4년 일찍 취임했다. 중장 승진에서도 3년이 차이 나고 자오커스는 그 후 상장까지 이 3년의 차이를 줄이지 못해 2012년 당대회에서 당내와 군사위원회에서 그 지위상의 차이가 확연했다. 이를 통해 판창룽의 승진이 얼마나 이례적이었는지를 알 수 있다.

군 내 태자당인 류위안(1951~, 총후근부 정치위원, 상장, 부친은 류사오치),[11] 장하이양(張海陽, 1949~, 제2포병 정치위원, 상장, 부친은 장전(張震) 전임 군사위원회 부주석)[12] 등도 당초 군사위원회 위원후보로 거론되었지만, 결국 군사위원회 진입은 이루지 못했다. 일설에 의하면 2012년 '보시라이 사건' 때 같은 태자당의 일원으로서 보시라이를 적극적으로 옹호했기 때문이라고 한다.

3) 군 최고 간부의 군력 유형

(1) 육군 출신자의 공통점

군사위원회 구성원의 특징을 다양한 관점에서 분석해보

---

11) 2010년 12월~2015년 12월까지 중국인민해방군 총후근부 정치위원으로 재직했고, 2016년 1월 전국인대 재정경제위원회 부주임에 임명되었다.
12) 2009년 12월~2014년 12월까지 중국인민해방군 제2포병 정치위원으로 재직했다.

도록 하겠다. 우선 연령으로 살펴보면 40후와 50후는 반반씩이다. 최연장자는 1945년 출생한 우성리(해군 사령원)이고, 최연소는 1954년 출생한 웨이펑허(제2포병 사령원)이다.

군 출신으로 보면 10명 중 6명이 육군 출신자이고 공군 출신자 2명, 해군 및 제2포병은 각각 1명으로 육군이 주류를 형성하고 있다.

시진핑을 제외하고 10명의 군력을 비교해보니 일정한 인사 유형이 밝혀지게 되었다(〈표 4-11〉 참조). 우선 군사위원회 구성원 중 육군 출신자의 공통점은 '집단군장·군구 참모장·대군구 사령원'이라는 경력을 거쳤다는 점이다. 군사위원회 부주석 판창룽, 창완취안, 팡펑후이 3명은 집단군과 군구는 다르지만 거의 같은 군력이다. 후진타오의 복심인 팡펑후이의 총참모장 취임은 이례적인 발탁으로, 이제까지 베이징군구 사령원에서 총참모장으로 취임했던 전례는 없었다(베이징군구 사령원은 퇴역 직전의 최종 직책). 군구로 보면 전통적으로 선양군구 출신 군인이 최고직에 취임하는 경우가 많다. 판창룽, 창완취안, 장유샤 3명이 선양군구를 거쳤고, 선양군구를 위시한 '동북조(東北組, North East Army)', 란저우군구의 '서북조(西北組, North West Army)'라고 불리는 군내 인맥이 존재감을 드러냈다.

<표 4-11〉 군사위원회 구성원의 군력(2015.12.30 기준)

성명(출생년도)	출신	주요 경력(군력)	현직(겸무직)
판창룽(1947)	육군	16집단군장·선양군구 참모장·지난군구 사령원	군사위원회 부주석
창완취안(1949)	육군	47집단군장·베이징군구 참모장·선양군구 사령원	국방부장
팡펑후이(1951)	육군	21집단군장·광저우군구 참모장·베이징군구 사령원	총참모장
장유샤(1950)	육군	13집단군장·베이징군구 부사령원·선양군구 사령원	총장비부장
자오커스(1947)	육군	31집단군 부참모장·31집단군장·난징군구 사령원	총후근부장
장양(1951)	육군	42집단군 정치부 주임·42군 정치위원·광저군구 정치위원	총정치부 주임
쉬치량(1950)	공군	공군 제8군장·공군 부참모장·선양군구 공군 사령원·부총참모장·공군 사령원	군사위원회 부주석
마샤오톈(1949)	공군	공군 제10군장·광저우군구 공군 부참모장·광저우군구 공군 사령원·부총참모장	공군 사령원
우성리(1945)	해군	해군 푸젠(福建)기지 참모장·동해함대 부사령원·부총참모장	해군 사령원
웨이펑허(1954)	제2포병	여단장·53기지 사령원·제2포병 참모장·부총참모장	제2포병 사령원

주: 주요 부대의 소속 대군구는 다음과 같다. 16집단군(선양군구), 47집단군(란저우군구), 21집단군(란저우군구), 13집단군(청두군구), 31집단군(난징군구), 42집단군(광저우군구), 제8공군[난징군구 푸저우(福州)], 제10공군[베이징군구 다퉁(大同)], 제2포병 53기지[원난군구 쿤밍(昆明)].

총장비부장 장유샤는 군구 참모장이 아니라 부사령원에서 사령원으로, 총후근부장 자오커스도 집단군 부참모장에

230 중난하이

서 군장을 거쳐 사령원이 되었다는 점도 유사한 유형이라고 할 수 있다. 총정치부 주임 장양은 집단군 및 군구를 통해 정치 계통을 밟고 있다.

공군, 해군, 제2포병의 각 사령원도 각각의 대표로서 군사위원회 구성원이 되고 있다. 3명 모두 각 군종 중의 한 계통에서만 근무했다. 그 때문에 군 전체를 조망하는 기회로 총참모부 부총참모장에 취임한 것이 공통점이다. 쉬치량, 마샤오톈, 우성리, 웨이펑허 4명 모두 군종은 다르지만 부총참모장을 2년 정도 역임한 후 각각의 사령원에 취임했다.

⑵ 역대 총참모장

15기 이래 판창룽처럼 군구 사령원에서 단번에 군사위원회 부주석에 취임한 사례는 없다. 또한 육군 이외에서 군종 사령원이 부주석에 취임했던 사례도 없다.

국방부장의 경우에도 과거 10년을 살펴보면 총참모부 계통 출신자가 주류이고 아직 군종 경험자의 취임은 없다. 아직까지 육군 중심으로 인사가 진행된다고 말할 수 있다. 그러나 창완취안은 총참모부 경험이 없다. 2003년에 국방부장에 취임한 차오강촨의 전직도 총장비부장이었는데, 다만 그는 부총참모장을 역임했다. 역대 국방부장 중 창완취안

이외에 총참모장 경험이 없었던 인물로는 1988년부터 1993년까지 부장을 역임했던 친지웨이(秦基偉)가 있다.

역대 총참모장은 육군 출신으로 주요 군구를 역임한 군인이다. 역대 5명의 군력을 살펴보면 부총참모장 경험자가 츠하오톈(遲浩田) 1명뿐이고 대군구 사령원에서 발탁된 사람은 장완녠(張萬年), 량광례(梁光烈), 팡펑후이 3명이다. 천빙더(陳炳德)는 총후근부장에서 승격되었다. 총참모장 역임 후 승격된 경우로는 군사위원회 부주석이 되었던 장완녠, 국방부장에 취임했던 츠하오톈(츠하오톈은 부총참모장 취임 전에 국방부장에 취임했음)과 량광례가 있다.

3. 중난하이에 진입하는 지도자는 누구인가?

중국의 지도부는 5년마다 열리는 당대회에서 결정된다. 차기 당대회는 2017년이다. 당 지도부가 결정한 사항에 대해 이듬해 3월 전국인대에서 국무원 각료 인사를 확정하는 것이 관행이다. 그런데 오직 등으로 체포 또는 해임 혹은 어떤 원인으로 사망하지 않는 한 각료가 도중에 사임하는 일은 없다.

2017년에 '중난하이 진입'을 이루게 되는 지도자의 면면
이 결정되는데, 그 후보자는 현재의 지위와 연령으로 봐서
어느 정도 추정할 수 있다. 중국의 인사제도는 어떤 의미에
서는 제도화가 진전되고 있다. 우선 세대별로 차기 지도자
후보군을 점쳐보도록 하겠다.

1) 50후 세대

중국에서는 간부의 세대교체가 급속하게 진행되고 있다.
현재 중앙정치국 위원 수준 이상에서는 일부 40후 지도자가
있지만 기본적으로는 시진핑을 위시해 50후가 중심 세대이
다. 세계적으로 러시아의 푸틴이 50후(1952년 출생), 일본의
아베 신조도 50후(1954년 출생)이고 오바마는 60후(1961년 출
생)이다.

50후의 특징은 1978년에 대학입학시험이 재개되어 대학
졸업자가 많고 박사 학위 취득자도 있는 등 고학력이라는
점이다. 또한 간부 자제(태자당)도 많다. 그 때문에 문화대혁
명 시기에 본인 및 가족이 공격 대상이 되었던 적도 있고 문
화대혁명의 비극을 잘 알고 있는 지도자가 많다. 그런 만큼
그들은 국가 건설에 의욕을 갖고 있고, 해외 지도자와도 대

등하게 논쟁하며 때로는 상대하기 어려운 협상가(negotiator)가 되기도 한다.

중국의 지방 지도자의 연령 구성을 살펴보면 당 위원회 서기, 성장 모두 50후가 중심이 되고 있다는 점을 알 수 있다. 2010년 이래 40후 지도자는 대개 정년이 되어 전국인대 전문위원회 주임 등 명예직에 취임했다. 40후 출신의 서기 5명 중 톈진시(장가오리), 상하이시(위정성)의 2명은 2012년 제18차 당대회에서 정치국 상무위원으로 승격되었다. 즉, 40후 세대는 승격 아니면 은퇴로 내몰리게 된 것이다.

2) 60후 세대

(1) 60후의 지방 서기

60후 지도자가 당의 중추를 차지하는 것은 2022년 이후가 될 것인데, 2012년 제18차 당대회를 거쳐 2017년 제19차 당대회에서 당중앙 및 지방(성 차원)에서도 서서히 요직을 차지하게 될 것이다.

60후 지방 서기 2명에 대해 살펴보면 1963년 출생한 광둥성 서기 후춘화는 후진타오가 티베트 당 위원회 서기로 재직하던 시기에 비서를 역임했다. 그는 이 시절의 경험을 포함해 약 20년간 고지(高地)인 티베트에서 근무했다. 후춘화는 공청단 서기 이후 2009년에는 허베이성 성장(대리)을 3년 정도 맡고 2010년에 네이멍구자치구 서기, 2012년 제18차 당대회에서 정치국원으로 승진해 그 지위에 적합한 직책인 광둥성 서기에 취임했다. '두 번의 지방 최고직 경험'이라는 것이 당내 승진 조건이다. 후춘화는 이미 그 조건을 만족시켰기 때문에 2017년 이후 정치국 상무위원으로 승진할 가능성이 있다.

충칭시 서기 쑨정차이도 베이징, 지린성 2개 지방의 경험이 있고 현재 충칭이 3번째이다. 2017년 이후 중앙으로 돌아갈 것으로 예상된다. 즉, 중앙에서 파견된 간부의 지방 근무는 기껏해야 약 3년 정도이다. 특히 최근에는 '독립왕국화'(부패의 온상)를 억제하기 위해 빈번하게 인사이동이 이루어지고 있다. 그리고 올해부터 지방에서는 '일정양부십상(一正兩副十常)'이 관철되고 있다. 즉, 서기(정) 1명, 부서기 2명, 상무위원 10명이 원칙이다. 이제까지 부서기는 5명 전후였다. 서기 및 성장은 중앙에서 파견되는 경우가 많았다. 부서기 1명은 성장이라는 점에서 지방의 실제 실력자는 당 전종(專從) 부서기라고 말할 수 있을지도 모른다. 많은 지방의 경우 부서기는 해당 지역 출신이며, 지방의 유력 도시[성도(省

都)인 경우가 많음)에서 서기로 재직했던 경험이 있다.

⑵ 60후의 성장

60후 성장급 인물은 허베이성 성장 장칭웨이(張慶偉, 1961~),
신장웨이우얼자치구 주석 누얼바이커리(努爾白克力, 1961~),
푸젠성 성장 쑤수린(蘇樹林, 1962~),13) 헤이룽장성 성장 루하
오(1967~), 칭하이성(靑海省) 성장 하오펑(郝鵬, 1960~), 구이저
우성 성장 천민얼(陳敏爾, 1960~)14) 6명인데 이 중에서는 루
하오가 최연소 성장이다.15)

이 중 누얼바이커리는 2014년 말 국가발전개혁위원회 부
주임 겸 국가에너지국장에 취임했다. 누얼바이커리는 위구
르족 출신이다. 소수민족 고관(高官)이 국무원 부장급에 취
임한 경우는 국가민족위원회 등의 기관 외에는 대단히 이례
적이다. 전임 발전개혁위원회 부주임 겸 국가에너지국장 우
신슝(吳信雄, 1949~)의 정년에 따른 인사였는데, 지방 행정장

---

13) 2015년 10월 심각한 기율 위반 혐의로 푸젠성 성장에서 실각되었으며, 후임
   푸젠성 성장으로 위웨이궈(於偉國, 1955~)가 임명되었다.
14) 2015년 7월 구이저우성 당 위원회 서기에 임명되었다.
15) 2016년 1월 쓰촨성 성장 웨이훙(魏宏, 1954~)이 중대한 기율 위반 혐의로 실
   각하게 되어 그 후임으로 '60후'에 속하는 인리(尹力, 1962~)가 임명되었다.

(行政長)에서의 전임(轉任)으로서 유사한 사례가 별로 없는 경우였다. 누얼바이커리가 위구르족이라는 점에 더해 자원 대성(大省)인 신장 출신이라는 것과 60후 지도자라는 점 등을 고려한 인사일 것이다. 누얼바이커리의 중앙 임직에 앞서서 2014년 3월 국토자원부 부부장에 역시 위구르족 출신으로 누얼바이커리가 신장웨이우얼자치구 주석 시절 부주석을 역임했던 쿠러시·마이허쑤티(庫熱西·買合蘇提, 1960~)가 취임했는데, 소수민족 출신 지방 고관의 중앙으로의 발탁 인사가 두드러지고 있다. 신장웨이우얼자치구 주석의 후임 역시 위구르족 출신으로 신장웨이우얼자치구 인대(人大) 주임 출신인 레이커라이·티자커얼(雷克來·提棨克爾, 1953~)이 취임했다.

60후의 유망한 지도자들은 대다수가 대학 졸업자이고 석사, 박사도 있다. 연령적으로 1950년대 출생한 지도자의 대다수를 차지했던 태자당의 비율은 적다. 요컨대 자신의 실력으로 현재의 지위까지 왔다고 말할 수 있다. 후춘화, 저우창 등과 같은 공청단 출신자도 많다.

그중 한 사람인 공청단 중앙 상무서기를 역임한 양웨(楊岳, 1968~)는 지방 지도자 중 가장 젊다. 2010년 양웨는 푸젠성 상무위원 겸 비서장으로 파견되었다. 장래 지도자로 훈련받기 위한 조치였다. 그보다 앞서 1962년 출생한 쑨진룽

〈표 4-12〉 31개 지방 서기, 성장, 주석의 연령별 구성

단위: 명

구분	중국		참고 비교	
	서기	시장, 성장, 주석	일본 47개 도도부현(都道府縣) 지사	미국 50개 주지사, 시장
40후	1	0	16	7
50후	28	28	18	16
60후	2	6	13	8
계	31	34	47	31(50)

주: 미국의 주지사 중 연령, 경력(career)을 공개하지 않는 주지사가 많다(19명의 주지사의 연령이 불명이다). 미국의 수도는 워싱턴 D. C.이다.

〈표 4-13〉 중국 지도자의 연령별 구성과 미국, 일본과의 비교

단위: 명

구분	31개 지방		국무원		일본	미국
	서기	시장, 성장	총리, 부총리, 국무위원	부장 (각료)	아베 내각 각료	오바마 정권 각료
40후	1	0	4	5	5	7
50후	28	25	6	20	10	6
60후	2	6	0	0	4	4
계	31	31	10	25	19	17

주: 시진핑은 1953년 출생으로 50후, 아베 신조는 1954년 출생으로 50후, 오바마는 1961년 출생으로 60후이다.

(孫金龍, 후난성 부서기)[16]은 이미 공청단을 '졸업'하고 지방 근무를 하고 있다.

같은 60후 지도자 가운데 '조리(助理)' 경험자가 있다. 허베이성 성장조리(省長助理)를 경험한 현 허베이성 랑팡시(廊坊市) 서기 자오스훙(趙世洪, 1962~)과 헤이룽장성 성장조리를 역임한 헤이룽장성 당 위원회 상무위원 겸 선전부장(宣傳部長) 장샤오롄(張效廉, 1962~) 2명으로 장샤오롄은 헤이룽장성 상무위원 10명 중 최연소이며 향후 활약이 주목된다.

'조리'라는 직책은 중국에서는 일반적인 직책으로 '보좌관'이자 '비서관'이기도 하다. 그런데 중국 정계에서는 출세 가도이고 과거 많은 지도자가 경험했던 경로이다. 최고인민법원장 저우창(전임 후난성 서기)은 사법부장(司法部長) 샤오양(肖楊, 전임 최고인민법원장)의 비서였고 1962년 출생한 구이저우성 구이양시(貴陽市) 서기 리쥔(李軍)은 과거 정치국 상무위원 겸 전국정치협상회의 주석을 역임했던 리루이환(李瑞環)의 비서였다. 1963년 출생한 당 중앙판공청 부주임 천스쥐(陳世炬)는 후진타오의 비서였다. 그런데 조리이든 비서이든 출세 가도 중 하나일 뿐이며, 그들이 지방에 정착하는 것은 아니다. 어디까지나 중앙의 한 일원이다. 정치적인 측면에

---

16) 2016년 2월 28일 신장웨이우얼자치구 당 위원회 부서기 및 신장생산건설병단(新疆生産建設兵團) 당 위원회 서기에 임명되었다.

서 향후 그들이 어떻게 경력을 축적할 것인지가 주목된다.

(3) 지방 지도자의 연령별 구성

중국 31개 지방 중 2개 직할시, 18개 성과 자치구, 1개 특구(特區) 합계 21개 지역 491명 지도자의 연령별 구성을 살펴보면 60후 228명, 50후 208명으로 거의 양분되어 있다고 말할 수 있다. 그런데 서기는 50후가 128명(57%), 60후가 82명(37%)으로 50후가 다수인 구성이다. 하지만 시장은 50후가 37명(19%), 60후는 140명(73%)으로 60후가 다수를 차지하고 있다. 서기는 50후, 시장은 60후라는 특성이 명백하다.

70후 나아가서 80후 지도자가 서서히 대두하고 세대교체가 추진될 것이다. 단순히 세대가 교체되는 것만이 아니라 고학력화, 비공산당원화(시장급만)도 진전되고 여성의 비율도 서서히 높아질 것이다.

3) 지방 인사 유형의 분류

(1) 표준적 인사, 승진 유형

지방 지도자의 인사, 승진 유형을 분류하면 〈표 4-14〉와 같다. 31개 지방 중 베이징, 톈진, 상하이, 충칭 4대 직할시

<표 4-14> 지방 서기, 성장, 시장의 인사 유형

구분	성		시	
	서기	성장	서기	시장
중앙 파견 사례	○(베이징, 상하이, 톈진, 충칭, 광둥, 신장, 티베트)	○	×	×
중앙, 국무원 파견(부장급)	○	○	×	○(국무원 국장급)
지방 간 교류	○	○	○	○
해당 지역 간부	○	○	○	○
성내(省內) 승격(성장, 시장에서 승격)	○	○	○	○
다른 성(省)으로 이동	○	○	○	○
상사(上司)의 이동에 따른 이동	×	×(부성장급 있음)	○	○
기업에서 이동	×	○	○(우한 등)	○

및 광둥, 신장은 정치국원급이 중앙에서 파견된다. 티베트는 중앙위원급인데 중요한 소수민족 자치구이기 때문에 중앙에서 파견된다.

기타 지방에도 서기는 중앙에서 임명하며, 성장 및 자치구 주석은 해당 지역 출신 간부가 등용되는 경우가 많다. 서기와 국무원 부장(장관)은 동격인데 부장 경험자가 지방 서기로, 지방 서기 경험자가 국무원 부장급으로 취임하는 경우가 많다. 소수민족 자치구의 경우 행정 수반인 자치구 주석에는 소수민족 출신자가 취임하는 것이 관례가 되고 있다.

〈표 4-14〉에서 '중앙 파견 사례'로 표기된 것은 전직이 당 중앙 조직, 국무원, 중앙기업에서의 이동을 지칭하는데, 공청단 중앙에서의 이동도 여기에 포함된다(헤이룽장성 성장 루하오의 경우). '성내 승격'은 동일 지방의 성장에서 서기로, 부성장에서 성장으로 승격된 경우이다. '지방 간 교류'는 다른 지방에서의 이동을 나타낸다.

서기의 이동에 대해서는 '성내 승격'이 많지만 거의 3개 유형이 고루 분포되어 있다고 말할 수 있다. 성장은 '성내 승격'이 많고 당 서기는 중앙과 다른 지방에서 임명되는 경우가 많지만, 행정 수반은 해당 지역 출신으로 장기간 그 지방에서 행정 업적을 쌓은 지도자가 승격되는 경우가 많다.

(2) 예상 밖의 인사

성장 인사에서의 '중앙 파견 사례'의 경우로서 산둥성(山東省) 성장에 취임한 궈수칭(郭樹淸, 전임 증권감독관리위원회 주석)과 허난성 성장에 취임한 셰푸잔(謝伏瞻, 전임 국무원연구실장) 2명이 주목된다. 궈수칭은 한때 인민은행 행장 후보로도 거론되었는데 저우샤오촨(周小川)의 이례적인 연임으로 인사가 크게 요동쳤다.

귀수칭에 대해서는 인민은행 행장 외에 재정부장으로 취임한 러우지웨이(樓繼偉)의 후임(중국투자공사 이사장)이라는 소문도 있었는데, 금융 방면에서의 인사 예상이 많았던 만큼 산둥성 성장으로의 취임은 예상 밖이었다. 다만 귀수칭으로서는 1998년부터 2001년까지 러우지웨이의 후임 부성장으로 취임했던 구이저우성 이후 새로운 지방 근무이다. 또한 인민은행 부행장 경험자가 지방 성장(직할시장)에 취임하는 것은 인민은행 행장에서 톈진시 시장에 취임한 다이샹룽(戴相龍, 현재 전국사회보장기금회 서기)의 사례도 있기 때문에 특별히 이례적인 것은 아니다. 귀수칭의 연령을 고려해 볼 때 지방에서 근무한 후에 다시 금융계로 돌아갈 가능성이 충분히 있다.

귀수칭 이상으로 예상 밖의 인사는 이코노미스트인 셰푸잔의 허난성 성장 취임이다. 미국 프린스턴대학, 하버드대학 등에서의 유학 경험이 있는 셰푸잔은 국무원 발전연구센터 연구원, 국가통계국장 등을 역임했고 2008년 제2기 원자바오 내각의 두뇌인 국무원연구실 주임이었다. 원자바오의 국내외 여행에도 항상 수행했던 '꾀주머니[知惠袋]'이다. 셰푸잔은 지방에서의 행정 경험은 없었는데, 향후 그가 '인구 대성', '농업 대성'인 허난성에서 어떤 지도력을 발휘할 것인지 그 수완을 지켜보고자 한다.

시 서기 및 시장급의 경우에는 성도의 지도자는 중앙에서 파견도 되지만, 기본적으로 해당 지역 출신자 또는 그 지방에서 장기간 근무했던 지도자가 취임한다. 시장에서 시 서기로 승격 및 승진하는 경우가 많다.

지방 인사에서 원거리 이동 혹은 빈번하게 이동하는 인물은 '요주의(要注意)', 즉 주목해야 한다. 그만큼 경력을 쌓을 기회가 있다는 것이다.

4) 70후 세대

70후 지도자는 중앙 차원에서는 이른 승진조(昇進組)로서 국장급, 지방에서는 성 차원의 청장이 생겨나기 시작하고 있다. 성 아래 시 차원에서는 일부 시에서 서기, 부서기, 시장이 탄생하고 있다. 또한 공청단에서는 성 차원의 서기가 출현하기 시작하고 있다. 이 세대는 개혁·개방 정책이 시작될 무렵 대학에 입학했고, 학생 시절에는 개혁의 붐으로 인해 안정적인 시기를 보내면서 비교적 혜택을 받은 환경에서 자란 연령층이다. 제5세대와 같이 '하방(下放)' 경험도 없는 이른바 '개혁·개방 세대'라고 말할 수 있다.

그들은 60후보다 더욱 고학력자가 많고 석사 이상이 보통이고 박사 학위 취득자도 많으며 해외 유학파도 있다. 또한 중국공산당 예비군, 당 지도자 예비 과정이기도 한 공청단 출신자도 많고 2002년 제16차 당대회까지는 아직 무명이었던 젊은 지도자이다. 하지만 '차기 지도자(중앙위원)'보다도 '차차기 지도자(중앙후보위원)'가 중요하다고 볼 수 있는데, 바로 이 사람들이 '포스트 시진핑' 시기를 담당하게 될 것이다.

4. 중난하이의 사투: 시진핑의 부정부패 박멸운동

1) 사투는 계속되고 있다

(1) 당내 권력투쟁의 상징

수백 년의 역사를 거쳐 다양한 비극과 드라마를 만들어 낸 '중난하이'이지만, 해방되기 전인 1928년 시민 공원으로 개방되었고 1980년대 초에는 국내 시민에 한정해 마오쩌둥의 옛 주거지 등 일부가 공개되어 시민이 난하이에서 보트를 띄우며 즐기는 것도 가능했다. 하지만 지금은 중국의 당과 정부의 집무실 및 거주구로서 엄격하게 관리되고 있다.

일부 소수 외국인이 초대받아 경치가 아름다운 잉타이를 견학하는 일도 있지만, 일반 시민들이 난하이에서 보트를 띄우고 유람하거나 매년 5월에 한창 꽃피는 서화청의 해당화를 감상하는 것은 현재로선 불가능하다.

그러나 중난하이에 '들어가지 못하는 것'은 국내외 시민들뿐만이 아니다. 중난하이는 8200만 명에 이르는 전체 중국공산당원 중에서도 매우 한정된 당원 또는 정부 관계자, 학자, 민주당파만 입장이 허락되는 장소이다. 그리고 당원에게 '중난하이 진입'은 출세의 상징으로 간주되고 있으며, 중난하이에 들어가기 위해서 때로는 치열한 권력투쟁도 일어났다. '중난하이'라는 말에서 뿜어져 나오는 정치적인 의미를 고려해볼 때, 이곳은 과거 역사에서도 '당내 권력투쟁'의 상징이었다. 중국공산당의 여러 역사를 수놓았던 곳이 '중난하이'였으며, 지금도 이곳을 둘러싼 그 사투는 계속되고 있다.

⑵ 형불상상위

권력투쟁이 발생하는 것이 꼭 중국정치가 불안정하다는 뜻은 아니다. 당내 인사는 철저히 제도에 기초해 실시된다. 그럼에도 불투명한 인사나 이해할 수 없는 사건도 많다. 즉,

중난하이에서 무엇이 일어나고 있는지 명확하지 않은 점이 많다는 것이다. 그중 한 가지가 시진핑 체제가 발족한 이래 강력하게 추진되고 있는 '오직 및 부패 단속'이다. 이번에는 그 대상이 과거 당내 최고 간부였던 인물이라는 점이 대단히 특징적이다.

'개혁·개방의 총설계사'라 불리며 1979년 이래 중국을 사실상 움직였던 덩샤오핑은 정치에서도 '형불상상위(刑不上常委: 정치국 상무위원 경험자는 형벌을 받지 않는다)'라는 방침을 제기하고, 이른바 최고 간부의 특권을 허락해왔다. 그것이 당내 불문율이었다. 그런데 시진핑은 이것에 도전하며 오직 및 부패에 대해 칼을 들었다. 당내 부패가 중국이라는 국가를 멸망시킨다는 강한 위기감을 호소하며 오직 및 부패 박멸에 나서고 있다. 그것이 중국공산당 정권의 안정과 지속을 보증하는 것이라는 믿음 아래 내린 굳은 결의이다.

2) 부패 추급의 실태

(1) 쉬차이허우, 저우융캉, 링지화의 사례

2014년 6월 과거 군사위원회 부주석 등 요직을 역임하고 제복조(군인)의 수장으로 군림했던 쉬차이허우가 당적 박탈 처분 결정을 받았다. 실제로 적발된 것은 2014년 3월이었다. 이미 사법기관에 보내져 형사재판이나 군사재판에 회부될 예정이었지만, 2015년 3월 15일 암으로 사망해 불기소 처분이 되었다. 그럼에도 기율 위반 혹은 오직의 죄로 과거 제복조의 수장이 처분을 받는 것은 전대미문(前代未聞)이었다. 이 일이 있기 전에 전국인대 부위원장(지방 서기 겸 중앙위원) 쑤룽(蘇榮)도 체포되었다.

그리고 이전의 관례를 타파하며 오직 및 부패 적발의 핵심이기도 했던 저우융캉 전임 정치국 상무위원에 대해서도 결국 칼을 뽑아들었다. 저우융캉은 2014년 10월 정치국 회의에서 기율 위반, 기밀 누설 등의 죄상으로 입건이 결정되어 12월 초 당적 박탈 처분을 받고 정식으로 체포되어 사법기관에 보내졌다.

또한 2014년 12월 말 후진타오의 측근이었던 전임 중앙판공청 주임 링지화(全國정치협상회의 부주석, 당 중앙통일전선공작부장, 중앙위원)가 '기율 위반 혐의'로 실각했다. 2012년 3월 링지화의 아들이 페라리를 운전하던 중에 교통사고로 사망했는데, 링지화는 당시의 사법 책임자였던 저우융캉에게 해당 사건이 드러나지 않도록 처리해줄 것을 의뢰하는 등 두 사람 간의 관계가 소문으로 흘러나왔다. 또한 친형인 링정처(슈政策)가 같은 해 6월 체포되면서 링지화까지 수사 선상에 오르게 되는 것도 시간 문제로 간주되었는데, 시진핑의 '오직 및 부패 적발'을 위한 서슬이 퍼런 칼끝은 전임 국가주석 후진타오의 비서를 향해서도 가차 없이 겨누어졌다.

2015년 들어 연초부터 양웨이쩌 난징시 서기도 저우융캉 문제와의 관계로 실각했고, 링지화와 동향인 장쿤성(張昆生) 외교부 의전국장도 링지화와 그 친족이 결성한 이른바 '산시회(山西會, 산시성 출신자로 구성된 파벌로 시진핑이 단죄함)' 구성원으로 적발되었다. 시진핑의 '오직 및 부패 적발 운동'은 차기 당대회가 열릴 2017년까지 계속될 것으로 예견되는데, 실로 치열한 권력투쟁의 양상을 드러내고 있다.[17]

(2) 60세 부패설

왜 이처럼 오직 및 부패가 만연하는 것일까? 중국 당국은 항상 '개인 문제'라고 처리하며 체제와 조직의 문제가 아니라고 해명해왔다. 하지만 현재로선 실로 '구조적 오직'이다.

---

17) 문화대혁명 시기의 이른바 '4인방'에 견주어서 부패 등의 혐의로 최근 실각한 보시라이, 저우융캉, 쉬차이허우, 링지화의 4명을 총칭해 '신(新)4인방'으로 간주하는 경우도 있다. 이와 관련해서는 다음을 참조하기 바란다. 安三仁, 『新四人帮』(哈耶出版社, 2014).

개혁·개방 이래 1979년부터 2013년 12월까지 오직 및 부패로 당적 박탈, 공직 추방, 사법 처리에 의한 징역형 등을 받은 간부 171명에 대해 조사해보았다. 그중 123명이 지방 간부로 압도적으로 많다. 토지(국토자원), 교통(철도, 고속도로) 등의 이권이 결부된 오직 사건이 많고 범죄를 단속해야 하는 공안 관계 사건도 많다.

국무원 부장, 부부장 등 중앙 간부는 12명이었는데, 그중 최고 간부로는 2011년에 오직 혐의로 해임된 류즈쥔(중앙위원), 2013년에 적발된 장제민 국유자산관리위원회 주임(중앙위원) 등이 있다. 군에서도 8명이 적발되었는데 이전까지 적발된 최고 지위의 인물은 총후근부 부부장 구쥔산(谷俊山)이었다. 하지만 최근 쉬차이허우 사건으로 최고 지위의 인물은 군 내부의 최고위 전임 지도자가 되었다. 국유기업에서는 석유 관련 기업을 중심으로 21명이 있는데 이 중 7명이 금융 계통 인물이다.

중국에는 '60세 부패설'이라는 일종의 징크스가 있다. 60세는 중국 간부의 정년에 해당한다. 정년 이전에 큰 재산을 축적하려는 경향이 있기 때문에, 항간에서 이와 같이 비유되고 있다. '큰 재산'이라 해도 하늘에서 내려오는 것은 아니기 때문에 정년 이전의 지위를 이용해 뇌물을 받고 정년 이후를 대비하려는 것이다.

(3) 최고 간부에도 이르는 추급

오직 및 부패 사범 171명에게 언도된 양형(量刑)을 살펴보면 사형 49명, 무기징역 29명으로 극형이 78명(45.7%)에 이른다. 오직 및 부패에 엄격한 처단이 내려지고 있다고 할 수 있다. 171명 중 가장 많은 지방 간부가 소속된 곳을 살펴보면 광둥성이 20명으로 가장 많아, 2위인 베이징시 및 광시좡족자치구의 8명을 크게 상회했다. 개혁·개방의 전선(前線) 기지인 광둥성이 '오직 및 부패'의 온상이 되고 있다는 당내의 비판은 어느 정도 합당하다고 할 수 있다.

171명 중 당내 지위의 최고위는 이전까지는 베이징시 서기 겸 정치국원이었던 천시퉁(陳希同)과 상하이시 서기 겸 정치국원 천량위, 충칭시 서기 겸 정치국원 보시라이 3명이었다. 그러나 앞에서 언급한 것처럼 저우융캉 전임 정치국 상무위원과 쉬차이허우 중앙군사위원회 부주석으로 최고위가 갱신되었다. 과거에 중난하이에 거주했거나 중국정치의 중추를 형성했던 최고 간부라고 해도, 현재는 더 이상 편안하게 잠자코 쉴 수 있는 상황만은 아니다. 장쩌민과 가깝다고 여겨졌던 저우융캉 외에 링지화의 상사였던 후진타오라 해도 전임 비서를 비호하는 것은 스스로의 정치 생명을 끊는 것으로 연결될 수밖에 없다. 그것이 가능할 정도로 시진핑의 손길은 느슨해지고 있지 않다.

(4) 군도 예외가 아니다

시진핑의 오직 및 부패 단속의 칼날은 이제까지 '성역(聖域)'이었던 군에 대해서도 그 날카로움을 감추지 않는다. 쉬차이허우에 이어 군사위원회 부주석이었던 궈보슝에게도 칼날이 미치고 있다. 그의 장남인 궈정강(郭正鋼)은 2015년 1월 소장이 되었을 뿐이었는데, 기율 위반으로 조사를 받았다.

2015년 1월 16일 중앙기율검사위원회는 2014년 말부터 2015년에 걸쳐 기율 위반으로 적발된 17명의 군인을 공표했다. 17명을 계급별로 살펴보면 상장은 퇴역한 이후 체포된 쉬차이허우 1명, 중장 4명, 소장 11명이다. 당내 지위로 보면 2014년 11월 4중전회에서 해임된 중앙위원 양진산, 중앙후보위원 판창미(范長秘) 2명이다.

(5) 구조적인 오직

중국에서의 오직 및 부패 구조는 광둥성과 산시성 등 지방에 멈추지 않고 군, 국무원, 그리고 최근에는 외자계 기업

<표 4-15> 2014년에 실각한 군인 일람

구분	실각 시 군직, 군위	주요 군력	조사 상황
왕밍구이(王明貴, 1954) 소장	전임 방공병지휘학원(정저우) 정치위원	군정보공정대학(軍信息工程大學) 부정치위원	군사 사법기관에 이송(2014.1.)
팡원핑(方文平, 1950) 소장	산시(山西)군구 전임 사령원	허베이성군구 참모장	군사 사법기관에 이송(2014.5.)
천창(陳强) 소장	제2포병 96301부대 부부대장(副部隊長)		군사 법정에서 무기징역(2014. 5.)
푸린궈(符林國) 소장	총후근부 사령부 부참모장	총후근부 사령부 부군장	입건·조사 (2014.5.)
헝진(衡晋, 1959) 소장	티베트군구 부정치위원		군사 사법기관에 이송(2014.7.)
예완융(葉萬勇, 1953) 소장	전임 쓰촨(四川)군구 정치위원	티베트군구 정치위원(쉬차이허우에 연좌)	군사 사법기관에 이송(2014.8.)
◎ 양진산(1954) 중장	청두군구 부사령원	티베트군구 사령원	군사 사법기관에 이송(2014.8.)
장치빈(張祁斌, 1953) 소장	지난군구 부정치위원	북해함대 부참모장	군사 사법기관에 이송(2014.11.)
쉬차이허우(1943) 상장	전임 군사위원회 부주석	선양군구 사령원	사법 처리 (2014.10.)
류정(劉錚, 1954) 중장	총후근부 부부장	2009년에 체포된 구쥔산의 후임	입건·조사 (2014.11.)
다이웨이민(戴維民, 1962) 소장	난징정치학원(南京政治學院) 부원장, 상하이 분원장(分院長)	난징정치학원 훈련부장	입건·조사 (2014.11.)
가오샤오옌(高小燕, 여성, 1957) 소장	군정보공정대학 부정치위원	총참모부 총의원(總醫院) 정치위원(군의)	입건·조사 (2014.11.)
마샹둥(馬向東) 대교(大校)	난징정치학원 정치부 주임		입건·조사 (2014.12.)
장다이신(張代新) 소장	헤이룽장군구 부사령권	선양군구 제16집단군 후근부장	입건·조사 (2014.12.)

○ 판창미(1955) 중장	란저우군구 부정치위원	란저우군구 정치부 주임	입건·조사 (2014.12.)
위다칭(于大淸, 1957) 중장	제2포병 부정치위원	(쉬차이허우와 동향)	입건·조사 (2014.12.)
장둥수이(張東水, 1956) 소장	제2포병 부정치위원	제2포병 제55기지 정치위원	입건·조사 (2014.12.)

주: ◎은 중앙위원, ○은 중앙후보위원이다(이미 해임된 인물도 포함되어 있다).

의 중국 측 최고 경영자에까지 이르고 있다. 실로 '구조적인 오직'이다. 그런데 시진핑 체제는 이것을 중국공산당 일당 독재라는 체제가 초래한 것이 아니라 어디까지나 '개인', '가족' 또는 '파벌'이 가져온 범죄로서 처리하고자 한다.

저우융캉 사건의 입건을 결정했던 것은 2014년 10월 중난하이 내부 회인당에서의 정치국 회의였는데, 12월 5일 저우융캉은 정식으로 체포되어 사법기관에 보내졌다. 2015년에 재판이 거행되는데 사형 판결을 받게 되는 것은 필지(必至)이다(다만 집행유예가 부여될 것으로 생각된다). 저우융캉에게는 기율 위반 이외에 '당과 국가의 기밀을 누설했다'라는 죄상이 더해졌다.[18] 이제까지 '중난하이'에서 신중한 심의가 이루어졌던 것으로 추정되는데 논의의 과정은 보이지 않는다. 향후 공개 재판을 통해 그 죄상과 공판 결과를 알게 되는

18) 저우융캉은 2015년 6월 11일 무기징역을 선고받았다.

데, 그것으로 끝은 아니고 '중난하이의 사투'는 2017년 차기 당대회까지, 아니 그 이후에도 계속될 것이다.

(6) 시진핑 정치의 행방: '잠규칙'

최근 중국에서 '잠규칙(潛規則)'이라는 말이 주목받고 있다. 일본어에는 없는 중국의 정치 용어이다. 학자들에 따르면 '명문 규정 이상으로 실제 생활을 지배하는 규칙'으로서, 중국의 봉건사회에 뿌리를 두고 있는 규칙이라고 한다. 왜 '잠규칙'이 주목받게 되었을까? 그것은 시진핑, 리커창 등이 연이어 '잠규칙'의 존재를 인정하고 이것을 타파하는 정치적 움직임을 보이고 있기 때문이다.

저우융캉 전임 정치국 상무위원을 기율 위반 혐의로 체포, 사법기관에 보냈던 것도 이제까지의 '형불상상위'라는 '잠규칙'을 타파한 것으로 보아도 좋을 것이다. 한편으로 장쩌민, 후진타오의 시대에는 군(성역)에 들어가지 않음으로써 정권의 안정을 도모해왔다고 말할 수도 있다.

저우융캉이라는 '대호(大虎)'를 적발함으로써 시진핑의 오직 및 부패 운동은 끝나게 될 것이라는 견해가 있다. 또한 기율의 창끝을 손에 쥐고 있는 왕치산 기율검사위원회 서기가 2017년 당대회에서 유임될 것이라는 정보마저 나오기 시작하고 있다. 왕치산은 2017년에는 내규라고 말해지는 정치국 상무위원의 정년인 68세를 넘어, 다른 4명의 상무위원과 함께 은퇴가 확실하다고 간주되고 있다. 이 '68세 정년'이라는 것도 '잠규칙'이라고 말할 수 있을지도 모르지만, 개혁 및 인사의 연소화라는 점에서 본다면 나쁜 내규는 아니다. 하지만 다양하게 자의적으로 해석될 수 있다. 당내 규율의 준수와 부패 단속을 위해 시진핑과 같은 태자당 일원이기도 한 왕치산의 존재는 '다른 사람으로 바꾸기 어렵다'라는 이유를 내세우며 일축해버릴 수도 있다. 그만큼 시진핑의 권력 기반은 강고하다.

'잠규칙'이라고까지 말할 수 없지만, 2014년에 시진핑이 이제까지의 정권이 행하지 않았던 것 혹은 관례를 타파했던 사례가 몇 가지 있다. 2014년 8월 중앙재경영도소조 회의 개최, 10월 중앙위원회 총회의 분과회 개최, 11월 오바마를 중난하이에 초대해 그 영상을 공개했던 것 등은 대담한 행동으로 과거 정권이 선뜻 나서지 못했던 일이다.

또한 2014년에는 8년만의 외사공작회의, 그리고 15년만의 전군정치공작회의(全軍政治工作會議)를 주재했다.[19] 장쩌민

---

19) 또한 2015년 11월 26일 시진핑 주재로 개최된 중국공산당 중앙군사위원회

및 후진타오 시기에는 실시되지 못했던 회의도 있다. 그 배경은 시진핑 정권의 기반 강화를 위해서이기도 하고, 또한 차기 당대회를 조망하는 것이기도 하다. 그런데 시진핑 정권의 권력 기반이 약할 경우에는 실현하는 것이 불가능한 계획이다. 2015년부터는 2017년에 개최될 차기 당대회를 겨냥한 인사 포석과 권력 기반 굳히기가 더욱 강화될 것이다. 이를 위해 '오직 및 부패 적발 운동'을 그만둘 수는 없다.

'중난하이'는 중국정치 그 자체이다. 이 책은 '중난하이'를 통해 중국 정치제도의 역사와 현재 상황에 필자 나름대로 접근해본 것이다. 하지만 아직 중난하이의 벽은 상당히 높고 문도 굳게 닫혀져 있다. 한편, 중국에서 현재 강도 높게 진행되고 있는 '오직 및 부패 단속'은 정치개혁의 한 가지이지만, 그것의 철저한 집행은 중국공산당의 기반을 동요시킬 수밖에 없고 대단히 위험한 도전이기도 하다. 중난하이가 다시 일반 시민에게 개방되는 것은 중국에서 민주화가 진전되어 중국의 권력 체제에 변화가 일어나는 때일 것인가?

개혁공작회의에서 기존 7대 군구를 4~5개 전구로 통폐합시키는 방안을 확정했다.

지은이 후기

언제부터였을까, 중난하이에 대해 흥미가 들끓어 올랐던 것은. 그때까지는 '중국의 권위적인 상징'으로서 인식은 했지만, 그 높은 홍색 담장 속을 엿보려 생각한 적은 없었다. 현재 중난하이는 개방되고 있지 않다. 그리고 필자 자신은 현재 중난하이에 들어갈 입장도 아니며 중난하이에 지인도 없다.

언젠가부터 '내부를 알고 싶다', '중난하이에 들어가는 사람과 알고 지낼 기회는 불가능한 것인가'라는 궁리를 했다.

베이징으로 출장갈 때 중난하이 주위를 산책했지만 그 내부를 엿볼 수는 없었다. 한차례 베이하이 대교에서 사진을 찍으려고 했는데, 경비를 서던 위병에게 저지당했던 적이 있다. 그 이후 카메라를 들고 방향을 잡는 것도 어렵게 되었다. 그렇게 되자 호기심은 더욱 강해졌다.

베이징의 친구를 통해 저우언라이 총리의 조카딸인 저우빙더 씨와 만난 것은 지금으로부터 4년 전이다. 중난하이에 오랫동안 거주하고 저우언라이 부부가 살던 곳인 서화청의 모습을 그녀를 통해 직접 엿볼 수 있었던 것이 이 책을 집필하는 큰 계기가 되었다.

그 후 필자는 베이징에 갈 때마다 서점을 들러 '중난하이'에 관한 서적을 구입했다. 홍콩의 도서관에도 갔는데 정리된 자료나 지도도 없었다. 청조 시대의 자료도 살펴보았지만, 결국 중난하이에 통달하기 위해서는 중난하이에 가장 오랫동안 거주한 마오쩌둥을 연구해야 한다는 결론에 도달했다. 마오쩌둥의 의사, 비서, 운전기사 등의 회고록을 입수해 차례로 읽고 '마오쩌둥의 생활'을 통해 중난하이를 묘사했다. 마오쩌둥 다음으로 류사오치에 관한 서적도 많이 살펴보았다. 이를 통해 '중난하이의 비극'을 알게 되었는데, 이것 역시 중난하이의 역사이다.

중난하이는 중국의 역사와 정치를 알기 위한 대상인데, 그 신비함을 표현하기에는 필자의 능력을 초월한다. 1994년 9월 필자가 중난하이의 일각인 '자광각'에 두 차례 들어갔던 것이 처음이자 마지막이었다. 그것만 갖고 중난하이에 대해 말하는 것은 불가능하다. 과거처럼 중난하이가 일반 시민에게 개방되고 난하이에 보트를 띄우고 노는 것이 필자의 개인적인 '꿈'이다. 그 '꿈'이 실현될 때까지 중난하이 관련 연구를 계속할 생각이다.

이 책을 출간하는 데 사삿일[私事]을 돌보아준 것에 고마움을 느끼면서, 40년 이상 뒷받침해준 필자의 처(妻) 치코(知子)에게 감사의 말과 함께 이 책을 바치고 싶다. 베이징에 있는 친구들로부터 중국의 역사와 중난하이와 관련된 정보를 제공받았다. 각각의 성명을 일일이 거론하지는 않지만, 그 이름들을 떠올리면서 감사의 뜻을 기록해두고자 한다. 또한 필자의 오랜 친구이자 탁월한 편집자인 린젠랑(林建朗) 씨는 기획부터 편집 및 출판에 이르기까지 적절한 조언과 격려를 해주었다. 이 책이 출판될 수 있는 행운을 갖게 된 것은 한마디로 린젠랑 씨께서 모든 힘을 다해주셨기 때문에 가능했던 것이므로, 이를 기록해서 감사드리고 싶다. 이 책이 중국의 역사와 정치를 이해하는 데 조금이라도 일조할 수 있다면, 필자로서는 더할 나위 없는 기쁨이 될 것이다.

2015년 2월

이나가키 교시

옮긴이 후기

"和不成, 兵必出"
『戰國策』

"正善治, 事善能, 動善時"
『道德經』

"時不可失, 忠不可棄, 懷不可從"
『國語』

이 책은 중국의 최고지도자가 거주하는 곳이자 중국 정치 및 정책 수렴의 최종 결정이 이루어지는 장인 중난하이를 대상으로 그 역사, 구조, 현실 및 미래상을 다각적으로 분석한 사실상 최초의 '중난하이 정치' 관련 연구 서적이다. 국내에서 중난하이에 대해 체계적으로 소개하고 있는 서적이 거의 없는 현실 속에서,[1] 이 책은 학술적·정책적·연구사적 측면에서 매우 중요한 함의가 있다고 할 수 있다.

특히 이 책의 지은이가 ① 두 차례에 걸쳐 중난하이를 직

---

[1] 중난하이를 포함해 중국의 궁궐에 대한 기본적인 내용과 관련해서는 다음을 참고하기 바란다. 何本方·岳慶平 主編, 『中國宮廷知識詞典』(北京: 中國國際廣播出版社, 1990).

접 방문했던 경험을 토대로 실사구시적인 차원에서 서술하고 있고, ② 홍콩을 거점으로 중국의 경제 및 인사(人事)와 관련된 연구를 장기간 수행해온 고도의 전문성이 있으며, ③ 다양한 인적 네트워크를 동원해 중난하이의 역사뿐 아니라 '중난하이 정치'의 현재 모습과 향후 전망을 풍부한 자료를 통해 체계적으로 소개하고 있다는 점이 특징적이다.

이러한 맥락에서 독자분들께서는 이 책을 통해 중난하이의 과거 역사뿐만 아니라 마오쩌둥, 저우언라이, 류사오치, 덩샤오핑 등 중국의 지도자들과 중난하이 사이에 얽힌 일화를 흥미롭게 접할 수 있을 것이다. 또한 현재 '중난하이의 주인'인 시진핑 정권의 모습은 물론, 2017년 중국공산당 제19차 당대회 이후 맹활약하게 될 중국 차세대 지도자들의 다양한 면모를 일목요연하게 함께 살펴볼 수 있을 것이다.

이 책을 옮기는 과정은 대략 7일 동안의 집중적인 작업을 통해 신속하게 이루어졌다. 우선적으로 책의 내용을 명료하게 이해할 수 있도록 노력을 기울였으며, 아울러 본문 중의 필요한 부분에 '옮긴이 주'를 부기(附記)함으로써 최근 정보를 독자 여러분께서 쉽게 파악할 수 있도록 했다. 그리고 이 책의 한국어판에는 루하오 헤이룽장성 성장 등의 관련 정보를 좀 더 구체적으로 첨부함으로써 차세대 중국 지도자들에 대한 이해를 돕고자 했다. 이것이 가능할 수 있도록 허락해 주신 이 책의 저자분께 이 지면을 빌려 감사의 말씀을 전해 드리고자 한다.

무엇보다 어려운 여건에서도 이 책이 세상에 나올 수 있 도록 물심양면으로 지원해주신 한울엠플러스(주)의 김종수 사장님을 비롯한 모든 분께 진심으로 감사의 말씀을 전하고 싶다. 아울러 이 책을 위해 추천의 글을 각별히 집필해주신 선쉬후이(沈旭暉) 홍콩중문대학(香港中文大學) 교수님께도 감 사의 말씀을 전해드리고자 한다. 특히 선쉬후이 교수님은 홍콩 대표단의 일원으로 중난하이를 직접 방문해 당시 후진 타오 중국 국가주석과 직접 면담을 했던 바가 있다.

마지막으로 일반 독자의 입장에서 분주한 가운데 번역 초고를 분담해 읽고 소중한 조언을 해준 한반도아시아국제 관계연구회의 이동건(서울대 법학전문대학원 박사과정), 김윤진 (서울대 정치외교학부 정치학전공), 손하늘(서울대 정치외교학부), 백승헌(서울대 경제학부), 홍주표(서울대 노어노문학과) 등 여러 후배들에게 진심 어린 고마움을 전하고자 한다.

2016년 2월

이용빈

참고 문헌

중국어 문헌

『中南海』(寫眞集). 1981. 新華出版社.

中國革命博物館 編. 1986. 『紀念劉少奇』. 文物出版社.

陳敦德. 1988. 『毛澤東·尼克松在1972』. 解放軍文藝出版社.

尤康·漢平·劉氣豪. 1994. 『中南海政事』. 大公報.

樹軍 編著. 1997. 『京城秘事』. 九洲圖書出版.

黃峰. 1998. 『劉少奇冤案始末』. 中央文獻出版社.

元莉. 1998. 『毛澤東晚年生活瑣記』. 中央文獻出版社.

張隨枝. 1998. 『紅墻內的警衛生涯』. 中央文獻出版社.

〈周恩來〉(DVD). 1998. 中共中央文獻研究室·中央電視台.

樹軍 編著. 1999. 『釣魚台歷史檔案』. 中央黨校出版社.

幽燕 編著. 1999. 『中南海的紅嬌娃』(上, 下). 中國婦女出版社.

趙蓉. 1999. 『中南海塵影』. 西苑出版社.

李玉祥 編. 1999. 『老房子北京四合院』. 江蘇美術出版社.

章含之. 2002. 『跨過厚厚的大紅文』(新版). 文匯出版社.

李靜 主編·劉振德 等著. 2003. 『實話實說 福祿居』. 中國青年出版社.

趙寶成 主編. 2003. 『世紀留念 北京·名人·故居·舊宅院』(上, 下). 地震出版社.

趙煒. 2004. 『西花廳歲月』. 中央文獻出版社.

中央電視台·中共中央文獻研究室. 2004. 『百年小平』. 新世界出版社.

京夫子. 2004. 『中南海恩仇錄』. 台北聯經出版.

樹軍 編著. 2005. 『中南海備忘錄』. 西苑出版社.

董保存. 2005. 『走進懷仁堂』(上, 下). 中共黨史出版社.

曾建微. 2006. 『中南海紀事』. 五洲傳播出版社.

杜修賢 攝影. 2006. 『實話實說 福祿居』. 中共黨史出版社.

孔東海. 2006. 『改變世界的日子: .與王海容談毛澤東外交往事』. 中央文獻
    出版社.

王光美. 2006. 『私與少奇』. 中央文獻出版社.

王鶴浜. 2007. 『我在毛澤東身邊的日子』. 台灣旭昇圖書有限公司.

王凡·東平. 2007. 『紅墻記憶』(上, 下). 當代中國出版社.

『翠明庄』. 2007. 中國青年出版社.

李鵬. 2007. 『市場與調控: 李鵬經濟日記』(上, 中, 下). 中國電力出版社.

高振普. 2008. 『周恩來衛士回憶錄』. 上海人民出版社.

水靜. 2008. 『義薄雲天情似海: 緬懷薄一波和胡明同志』. 中央文獻出版社.

王文波 攝影. 2008. 『四合院情思』. 中國民族攝影藝術出版社.

徐鵬 編著. 2008. 『圖說中國皇家園林』. 中國人民大學出版社.

『圖說中國建築藝術』. 2008. 上海三聯書店.

張復合 編著. 2008. 『圖說北京近代建築史』. 清華大學出版社.

劉愛琴. 2008. 『我的父親劉少奇』. 人民出版社.

周秉德. 2009. 『我的伯父周恩來』. 人民出版社.

黃祖琳. 2009. 『劉少奇家世』. 上海人民出版社.

谷牧. 2009. 『谷牧回憶錄』. 中央文獻出版社.

閻後英. 2009. 『中南海傳奇』. 西苑出版社.

_____. 2009. 『中南海探秘』. 西苑出版社.

陳長江·趙桂來. 2009. 『毛澤東最後10年』. 中央黨校出版社.

陳溥·陳晴. 2009. 『皇城遺韵: 西城』. 中國社會出版社.

王震宇 主編. 2009. 『在毛澤東身邊』. 人民年出版社.

顧保孜. 2009. 『中南海人物春秋』(上, 下). 中共黨史出版社.

德齡·容齡. 2009. 『在太后身邊的日子』. 紫禁城出版社.

張絳. 2010. 『劉少奇家事』. 中央文獻出版社, 河南大學出版社.

李鐵生·張恩東 主編. 2010. 『南羅鼓巷史話』. 北京出版集團公司.

羅海岩. 2010. 『王光美私人相册』. 新華出版社.

李靜 主編. 2010. 『實話實說 豐澤園』(上, 下). 中國青年出版社.

_____. 2010. 『實話實說 西花廳』(上, 下). 中國青年出版社.

徐焰 等 編著. 2010. 『實話實說 福祿居』. 中國青年出版社.

顧英奇·許奉生. 2010. 『瀛洲紀事』. 人民出版社.

顧保孜 撰文·杜修賢 攝影. 2010. 『毛澤東 最後7年風雨路』. 人民文學出版社.

權延赤. 2010. 『紅墻深處』. 人民日報出版社.

夏佑新. 2010.『走進毛澤東遺物觀』. 香港: 振興出版社.

洪燭. 2010.『老北京人文地圖』. 新華出版社.

周望. 2010.『中國"小組機制"研究』. 天津人民出版社.

王鶴浜. 2011.『紫雲軒的主人: 我所接觸的毛澤東』. 中央黨校出版社.

李慶貴·王澤軍. 2011.『中南海外交風雲』. 中央黨校出版社.

陳烈. 2011.『田家英與小莽蒼蒼齋』. 三聯書店.

王凡·東平. 2011.『紅墻醫生』. 中國靑年出版社.

_____. 2011.『紅墻童話 我家住在中南海』. 中國靑年出版社.

顧保孜 著·杜修賢 撮影. 2011.『中南海風雲人物沈浮錄』. 貴州人民出版社.

烏吉成·王凡. 2012.『紅墻警衛』. 中國靑年出版社.

張海林. 2012.「紀坡民憶中南海往事」.≪瞭望東方週刊≫, 398期, 6月.

鄧榕. 2013.『我的父親鄧小平:「文革」歲月』. 香港三聯書店.

영어 문헌

Barme, Geremie R. 2008. *The Forbidden City*. London.

Kissinger, Henry. 2011. *On China*. Penguin Press. 2012.

Kuhn, Robert Lawrence. 2010. *How China's Leaders Think*. John Wiley
    & Sons(Asia).

Lou, Qingxi. 2003. *Chinese Gardens*. China International Press.

McGregor, Richard. 2010. *The Party: The Secret World of China's Com-

munist Rulers. Penguin Books. 2011.

Nathan, Andrew J.(ed.). 2002. *Tiananmen Papers*. London.

Vogel, Ezra F. 2011. *Deng Xiaoping*. Harvard University Press. 2013.

일어 문헌

淺田次郎. 1996. 『蒼穹の昴』(上, 下). 講談社. 2004. (全4卷). 講談社文庫.

_____. 1997. 『珍妃の井戸』. 講談社. 2005. 講談社文庫.

_____. 2006~2007. 『中原の虹』(全4卷). 講談社. 2010. 講談社文庫.

朝日新聞中國總局. 2012. 『紅の黨』. 朝日新聞出版. 2013. (完全版). 朝日
    文庫.

伊藤正. 2008. 『鄧小平秘錄』(上, 下). 産經新聞社. 2012. 文春文庫.

加藤千洋. 2003. 『胡同の記憶 北京夢華錄』. 平凡社. 2012. 岩波現代文庫.

_____. 2005. 『中國食紀行』. 小學館.

茅澤勤. 2010. 『習近平の正體』. 小學館.

胡安鋼. 2014. 『中國集團指導制』. 丹藤佳紀 譯. 科學出版社.

高文謙. 2007. 『周恩來秘錄』(上, 下). 上村幸治 譯. 文藝春秋. 2010. 文春
    文庫.

佐藤賢. 2011. 『習近平時代の中國』. 日本經濟新聞出版社.

産經新聞 「毛澤東秘錄」 取材班. 1999. 『毛澤東秘錄』(上, 下). 産經新聞
    社. 2001. 扶桑社文庫.

高木健夫. 1943. 『北京百景』. 新民印書館.

高橋博＋21世紀中國總研. 2013. 『中國最高指導者 Who's Who』. 蒼蒼社.

竹內實. 1989. 『毛澤東』. 岩波新書.

唐亮. 2012. 『現代中國の政治: 「開發獨裁」とそのゆくえ』. 岩波新書.

二階堂進. 1994. 「日中國交秘話 中南海の一夜」. 『大平正芳 政治的遺産』.

　　財團法人大平正芳記念財團.

日本國際觀光局. 1938. 『北京遊覽案内』.

安藤更生. 1941. 『北京案内記』. 新民印書館.

道上尙史. 2010. 『外交官が見た「中國人の對日觀」』. 文春新書.

宮崎市定. 1963. 『科擧』. 中公新書. 1984. 中公文庫.

村上知行. 1934. 『北平(名勝と風俗)』. 東亞公司.

毛里和子. 2012. 『現代中國政治』(第3版). 名古屋大學出版會.

矢吹晋. 2003. 『鄧小平』. 講談社學術文庫.

山崎豊子. 1996. 『「大地の子」と私』. 文藝春秋. 1999. 文春文庫.

李志綏. 1994. 『毛澤東の私生活』(上, 下). 新庄哲夫 譯. 文藝春秋. 1996.

　　文春文庫.

Byron, John and Robert Pack. 2011. 『龍のかぎ爪 康生(The Claws of
　　the Dragon: Kang Sheng)』(上, 下). 田畑曉生 譯. 岩波現代文庫.

Jakobson, Linda and Dean Knox 2011. 『中國の新しい對外政策: 誰がど
　　のように決定しているのか』. 岡部達味 監修·辻康吾 譯. 岩波現代文庫.

Salisbury, Harrison E. 1989. 『天安門に立つ: 新中國40年の軌跡』. 三宅眞
　　理·NHK取材班 譯. 日本放送出版協會.

_____. 1993. 『ニュー·エンペラー 毛澤東と鄧小平の中國(The New Emp-
　　erors: China in the Era of Mao and Deng)』. 天兒慧 譯. 福武書店. 1995.
　　(上, 下). 福武文庫.

중난하이 약년표

청나라

1850	3.8 함풍제(咸豊帝) 즉위
1861	11.11 동치제(同治帝) 즉위, 서태후의 수렴청정 시작
1875	2.25 광서제 즉위
1893	12.26 마오쩌둥 출생
1894	7.25 청·일전쟁 개시
1895	4.17 청·일 강화조약[시모노세키(下關) 조약] 체결
1898	6.11 무술변법
	9.21 무술정변, 광서제가 잉타이에 유폐됨
1899	10. 산둥성에서 의화단(義和團)이 일어남
1900	8.14 8개국 연합군이 베이징에 입성, 의화단을 제압
1905	9.2 과거 제도 폐지
1908	11.14 광서제, 잉타이에서 서거
	11.15 서태후, 의연전에서 사망
1911	10.10 우창(武昌)에서 신군(新軍) 봉기, 신해혁명(辛亥革命).
	위안스카이, 청국(淸國) 총리대신(總理大臣)에 취임

중화민국

1912	1.1 중화민국 성립, 쑨원(孫文) 난징에서 임시대총통에 취임, 청조 붕괴
	3.10 위안스카이, 베이징에서 임시대총통에 취임
1915	12. 위안스카이 황제 즉위, 거인당에서 즉위 식전(式典) 개최
1916	6.6 위안스카이 사망, 리위안훙(黎元洪) 총통에 취임
1921	7. 상하이에서 중국공산당 결성
1928	중난하이를 공원으로 일반에 개방
1931	9.18 만주(滿州) 사변 발발

1937	7.7 노구교 사건 발생, 중·일 전면전쟁으로 돌입
1941	12.8 태평양전쟁에 돌입
1945	8.14 일본, '포츠담 선언' 수락 결정
1948	12.26 푸쭤이(傅作義), 회인당에 진주

중화인민공화국

1949	4.12 마오쩌둥, 중난하이에 들어감
	9.9 중국군 사령부, 허베이성 시바이포(西柏坡)에서 중난하이로 이동됨
	9.21~30 제1차 전국정치협상회의 개최(장소: 이년당)
	10.1 중화인민공화국 성립, 톈안먼 누각 위에서 개국 식전
1950	4. 마오쩌둥, 전국신문공작회의(全國新聞工作會議) 대표와 회견 (이년당)
1956	2.14 흐루쇼프, 스탈린 비판
	4.28 마오쩌둥, '백화제방(百花齊放)·백가쟁명(百家爭鳴)' 제창
1957	6.8 당중앙(마오쩌둥), 반우파(反右派) 투쟁을 지시
1958	5.5~23 중국공산당 8기 2중전회 개최, '대약진' 정책 발표
1959	4.18~28 전국인대 제2기 제1차 회의 개최, 류사오치 국가주석에 취임
	5. 댜오위타이 국빈관 완성
	7.2~8.16 루산회의(廬山會議) 개최, 대약진 정책을 비판한 펑더화이가 마오쩌둥에 의해 국방부장에서 해임됨. 덩샤오핑은 중난하이 클럽에서 당구를 치던 중 골절상을 입어 입원해 결석함
	9.30~10.4 소련 흐루쇼프 서기장 방중, 숙박
1960	4.16 중·소논쟁 개시
1961	류사오치, 덩샤오핑에 의한 신(新)경제정책 실시
1962	1.11~2.7 중공중앙 확대공작회의(7000인 대회) 개최, 마오쩌둥 자아비판
1964	마오쩌둥, '당내 수정주의'에 경고

1965	11.10 상하이 신문 ≪문회보(文匯報)≫, 야오원위안의 "신편 역사극 〈해서파관〉을 평가한다(評新編歷史劇'海瑞罷官')"를 게재, 문화대혁명 개시의 신호탄이 됨
1966	5.4~26 중국공산당 중앙정치국 확대회의 개최. 중앙문혁소조 성립
	8.1~12 중국공산당 8기 11중전회 개최, 마오쩌둥 '사령부를 폭격하라: 나의 대자보' 발표, 류사오치 비판 개시
	8.8 마오쩌둥, 풍택원에서 '수영동'으로 이동함
1967	1.13 마오쩌둥, 류사오치와 최후의 회견(인민대회당 '푸젠청')
	2.11~16 군 원로에 의한 문혁 비판 '2월 역류'(회인당)
	7.20 '우한 사건' 발생, 문화대혁명파가 감금됨
	9.13 류사오치, 중난하이의 자택(복록거)에 연금됨, 그 이후 허난성 정저우로 보내져 가족 이산
	11.27 왕광메이 체포, 친청 감옥에 보내짐(1978년 12월 석방)
1968	10.13~31 중국공산당 8기 12중전회(확대) 개최, 18일 류사오치 당에서 영구 제명
1969	3.2 헤이룽장성 우수리 강에서 중·소 무력충돌[전바오다오(珍寶島) 사건]
	4.1~24 중국공산당 제9차 대회 개최, 린뱌오가 마오쩌둥의 후계자로 지명됨
	4.10 덩샤오핑, 장시성에 '유형(流刑)'됨
	11.12 류사오치, 허난성 카이펑에서 사망
1970	10.1 국경절, 톈안먼에 마오쩌둥과 스노우가 서서 미·중 관계 개선에 대한 중국 측의 신호
1971	4.10~17 마오쩌둥의 승인에 의해 미국 탁구대표단 방중
	7.9~11 키신저 비밀 방중, 댜오위타이 국빈관 6호루에 숙박
	7.15 닉슨이 1972년 2월의 방중을 발표
	9.13 린뱌오 사건 발생, 몽골에서 추락사
	10.20~26 키신저 두 번째 방중
	11.9 중국 대표단[단장: 차오관화(喬冠華) 외교부 부부장] 유엔 총회 출석, 유엔에 복귀함

1972	1.10 천이(陳毅) 전임 외교부장 장의(葬儀), 마오쩌둥 파자마 차림으로 급거 출석[팔보산 공묘(公墓)]
	2.21~27 닉슨 방중, 마오쩌둥과 회담(중난하이 수영동 서재)
	9.25~30 다나카 가쿠에이 방중, 27일 마오쩌둥과 회견, 29일 중·일 공동성명 발표, 중·일 국교정상화 이루어짐
1973	4.12 덩샤오핑, 부총리로서 시아누크 왕이 주최한 환영 연회에 출석, 그 후 저우언라이의 대행을 맡음
	8.24~28 중국공산당 제10차 당대회. 왕훙원·장춘차오·장칭·야오위안원 등 문혁파가 지도부에 진출
1974	4.9 덩샤오핑, 유엔에서 '3개의 세계론' 연설
1975	장칭 등 4인방과 덩샤오핑 간의 대립 격화
1976	1.8 저우언라이 사망(305의원). 마오쩌둥, 총리 대행으로 화궈펑 지명
	4.5 저우언라이 추도 시위가 당국과 충돌 제1차 톈안먼 사건이 발생, 덩샤오핑 실각, 화궈펑 총리에 취임
	5.27 마오쩌둥, 부토 파키스탄 대통령과 회견, 외국 정상과의 최후 회견이 됨
	7.6 주더 사망
	7.28 탕산 대지진 발생, 마오쩌둥 일시적으로 202호관으로 이동
	9.9 마오쩌둥 사망(수영동 서재)
	10.6 왕훙원·장춘차오·야오원위안, 회인당에서 체포됨, 장칭은 중난하이 자택(201호관)에서 체포됨
	10.7 정치국 긴급회의 개최, 화궈펑이 당 주석에 취임
1977	7.16~21 중국공산당 10기 3중전회 개최, 덩샤오핑 전체 직무 복귀
	8.12~18 중국공산당 제11차 당대회 개최, 화궈펑 문화대혁명 종결 선언
1978	12.18~22 중국공산당 11기 3중전회 개최, 개혁·개방을 결정, 덩샤오핑의 주도권이 확립됨
	12.22 왕광메이 석방, 취명장에 입거
1979	1.1 중·미 국교 수립

1980	5.17 류사오치 추도 대회 개최 및 명예 회복, 덩샤오핑 추도사
	6.13 후야오방, 베이징 주재 유고슬라비아 기자와 회견(잉타이)
	8.30~9.10 전국인대 제5기 제3차 회의 개최, 화궈펑 총리 사임,
	자오쯔양 총리 취임
1981	2.5 중앙서기처, 교육공작자(教育工作者) 춘절(春節) 좌담회 개최
	(회인당)
	6.27~29 중국공산당 11기 6중전회 개최, 「역사결의」 채택, 화궈펑
	이 부주석으로 강등됨, 후야오방이 주석에 취임(회인당)
	7. 미쓰비시 종합연구소 대표단, 구무와 회견(인민대회당), 댜오
	위타이 국빈관에 숙박, 기자 회견
1982	9.1~11 중국공산당 제12차 당대회 개최, 후야오방 총서기에 취임,
	당 주석 폐지
1984	11.29 야마사키 도요코, 후야오방과 단독 회견(근정전 공관)
1985	12.7 야마사키 도요코, 후야오방과 회견(근정전 공관)
1986	12. 베이징, 상하이, 난징 등에서 학생 시위, 덩샤오핑이 '자산계급
	자유화에 반대하라'고 발언, 후야오방에 대한 압력이 강화됨
1987	1.16~22 중국공산당 정치국 확대회의 개최, 후야오방 총서기 사임
	(정치국 상무위원에 유임), 자오쯔양이 총서기 대행
	10.25~11.1 중국공산당 제13차 당대회 개최, 자오쯔양이 '사회주
	의 초급 단계론'을 제기
	11.2 중국공산당 13기 1중전회 개회, 덩샤오핑에 최종 결정권을
	부여하는 비밀 결의 채택, 자오쯔양이 총서기 취임
1989	4.15 후야오방 사망, 이후 학생 추도 시위가 민주화 시위로 발전
	5.15~18 고르바초프 방중, 댜오위타이 국빈관 17호루에 숙박, 16
	일 자오쯔양과 회담, 자오쯔양이 1987년 11월의 비밀 결
	의를 폭로
	5.20 베이징에 계엄령 포고
	6.4 계엄군 부대가 톈안먼 광장을 포위 및 제압, 제2차 톈안먼 사
	건 발생
	6.23~24 중국공산당 13기 4중전회 개최, 자오쯔양의 총서기를 위

	시하는 전체 직무 해임, 장쩌민이 총서기에 취임
1992	7.11 덩잉차오 고(故) 저우언라이 부인 사망(서화청)
1994	9.6 미쓰비시 그룹 대표단(단장: 모로하시 신로쿠 미쓰비시 상사 회장), 리톄잉 국무위원·국가경제체제개혁위원회 주임과 회견 (자광각), 7일 리펑과 회견(자광각)
1995	4.27 천시퉁 베이징시 당 위원회 서기 부정부패로 해임
1997	2.19 덩샤오핑 사망
	7.1 홍콩 반환
2002	11.8~14 중국공산당 제16차 당대회 개최, 장쩌민이 총서기 사임, 중앙군사위원회 주석 직책은 유임
2003	4.14 후진타오 광둥 시찰, '과학적 발전관'을 제기
	4.~5. 사스(SARS) 유행
2004	9.16~19 중국공산당 16기 4중전회 개최, 장쩌민 중앙군사위원회 주석 사임, 후진타오 취임
2005	4.29 후진타오, 롄잔과 회견
	8.1 제1차 중·미 전략대화(베이징)
2006	9.24 천량위 상하이시 서기 부정부패로 해임
	12.30 후진타오, 도날드 쩡과 중난하이 202호관에서 회견(이후 매 년 같은 관에서 회견)
2007	5. 후진타오, 롄잔을 연회석에 초대(잉타이)
	10.15~21 제17차 당대회 개최, 시진핑, 리커창 최고지도부 진입
2008	7.16 후진타오, 러시아에서 요양하는 재난을 당한 지역의 초등학 생 및 중학생을 잉타이 및 영훈정으로 초대
	8.8~24 베이징올림픽 개최, 후진타오가 부시, 푸틴을 연회석에 초 대(잉타이)
2010	5.1~10.31 상하이 엑스포 개최
	9. 장쩌민, 후쿠다 야스오를 잉타이로 초대
2011	6. 홍콩 TV가 '장쩌민 사망' 소식을 흘리는 오보
	10. 장쩌민이 신해혁명 100주년 기념대회에 출석
	7.15 후진타오, 미국 시카고 고등학생 일행을 잉타이 및 영훈정으 로 초대

2012	2.6 '충칭 사건' 발생, 왕리쥔 부시장이 미국 총영사관으로 도주
	3.15 보시라이 충칭시 서기, 정치국원이 '충칭 사건'으로 해직
	11.8~14 중국공산당 제18차 당대회 개최(인민대회당, 징시빈관),
	시진핑 체제 발족
2013	11.9~12 중국공산당 18기 3중전회 개최, 개혁 전면심화 결정
2014	6.30 쉬차이허우 전임 중앙군사위원회 부주석(상장), 기율 위반
	혐의로 당적 박탈(3월 체포 및 구속)
	7.29 저우융캉 전임 정치국 상무위원, 기율 위반 혐의로 조사받고
	있다고 신화사가 보도
	11.10~11 베이징에서 APEC 정상회담 개최
	11.11~12 미·중 정상회담 개최(잉타이, 인민대회당)
	12.5 저우융캉 당적 박탈 및 사법 송치(정식 체포)
	12.22 링지화 중앙판공청 주임, 기율 위반 혐의로 인해 조사받고
	있다고 신화사가 보도

인명 색인

ㄱ

강희제(康熙帝) 51, 56, 104

건륭제(乾隆帝) 24, 38, 51, 76

공자(孔子) 129

광서제(光緖帝) 22, 34, 57

구무(谷牧) 70, 71, 79

귀보슝(郭伯雄) 252

궈수칭(郭樹淸) 242

궈정강(郭正鋼) 252

ㄴ

나카소네 야스히로(中曾根康弘) 60, 135

나카에 요스케(中江要介) 137

녜룽전(聶榮臻) 131

노로돔 시아누크(N. Sihanouk) 83

누얼바이커리(努爾白克力) 236

니카이도 스스무(二階堂進) 114, 115

니키타 흐루쇼프(N. Khrushchev) 53, 109

ㄷ

다나카 가쿠에이(田中角榮) 47, 113 ~115

다이샹룽(戴相龍) 243

다카오 야스시(高雄靖) 71, 72

덩샤오핑(鄧小平) 68, 91, 116, 129 ~132, 142, 185, 186, 247

덩잉차오(鄧穎超) 44, 110, 125, 128

데이비드 패커드(D. Packard) 61

도널드 쩡(D. Zeng, 曾蔭權) 48

돤치루이(段祺瑞) 103

두칭린(杜靑林) 209

둥비우(董必武) 86, 131

둥제루(董潔如) 120, 142

ㄹ

량광례(梁光烈) 232

량치차오(梁啓超) 22

러우지웨이(樓繼偉) 243

런비스(任弼時) 90

레이커라이·티자커얼(雷克來·提紮 克爾) 237

렌잔(連戰) 63

루딩이(陸定一) 56

루쉰(魯迅) 122

루치아노 파바로티(L. Pavarotti) 62

루하오(陸昊) 200, 236, 241

뤄하이옌(羅海岩) 142

류사오치(劉少奇) 55, 56, 68, 89, 90, 118~120, 127~130, 132, 140, 142, 146

류옌둥(劉延東) 182, 204

류위안(劉源) 69, 123, 142, 228

류윈산(劉雲山) 27, 158, 173, 209

류즈쥔(劉志軍) 145, 200, 250

류치바오(劉奇葆) 205

리나(李納) 55, 126

리더성(李德生) 221

리루이환(李瑞環) 239

리민(李敏) 55, 126

리셴녠(李先念) 44, 128

리셴룽(李顯龍) 80

리위안차오(李源潮) 204

리자오(李昭) 140

리잔수(栗戰書) 27, 154

리쥔(李軍) 239

리즈쑤이(李志綏) 48, 155

리처드 닉슨(R. Nixon) 47

리커창(李克强) 27, 172, 173, 181, 199, 200, 255

리톄잉(李鐵映) 59

리펑(李鵬) 59, 125, 173

리푸춘(李富春) 56

린뱌오(林彪) 129, 205, 221

링정처(令政策) 249

링지화(令計劃) 154, 205, 209, 247, 248

ㅁ

마샤오톈(馬曉天) 231

마오둔(茅盾) 87, 89

마오쩌둥(毛澤東) 35, 36, 38, 40, 42, 47, 53~55, 58, 68, 69, 107, 110~113, 115~118, 120, 140, 145, 186

마한싼(馬漢三) 86

맥스 보커스(M. Baucus) 24

모로하시 신로쿠(諸橋晋六) 59

미셸 오바마(M. Obama) 79

미하일 고르바초프(M. Gorbachev) 185

ㅂ

바오퉁(鮑彤) 166, 185

버락 오바마(B. Obama) 21, 23~30, 66, 233

베나지르 부토(B. Bhutto) 117

보시라이(薄熙來) 90, 228, 251

보이보(薄一波) 90, 91
블라디미르 푸틴(V. Putin) 62, 63, 233

ㅅ
사가 히로(嵯峨浩) 44
샤오양(肖楊) 239
서태후(西太后) 22, 42, 43, 49, 51, 53, 55, 57, 86, 120
선런화(沈人華) 126
성쉬안화이(盛宣懷) 86
셰푸잔(謝伏瞻) 242, 243
수전 라이스(S. Rice) 24
쉬러푸(許樂夫) 222
쉬린핑(許林平) 221
쉬사오스(徐紹史) 27
쉬차이허우(徐才厚) 247, 250~252
쉬치량(許其亮) 222, 226, 231
스에요시 도모에(末吉友江) 122
시중쉰(習仲勳) 56
시진핑(習近平) 21, 23~25, 27~31, 48, 56, 66, 68, 88, 89, 96, 144, 153, 160, 161, 163~165, 172, 176, 181, 186, 245, 247, 249, 252, 255, 256
쑤룽(蘇榮) 248
쑤수린(蘇樹林) 236
쑨정차이(孫政才) 208, 235

쑨진룽(孫金龍) 239
쑨춘란(孫春蘭) 205, 206, 208
쑹리핑(宋麗萍) 213
쑹추위(宋楚瑜) 63
쑹칭링(宋慶齡) 83, 85
쓰치야 분메이(土屋文明) 122

ㅇ
아베 신조(安倍晉三) 29, 233
아사다 지로(淺田次郎) 86
안더하이(安德海) 86
야오원위안(姚文元) 49
양밍성(楊明生) 218
양상쿤(楊尙昆) 55
양웨(楊岳) 238
양웨이쩌(楊衛澤) 249
양제츠(楊潔篪) 24, 177
양진산(楊金山) 252
양징(楊晶) 177, 209
에드거 스노우(E. Snow) 111
에드워드 히스(E. Heath) 116
에즈라 보걸(E. Vogel) 131, 132
예젠잉(葉劍英) 49, 54, 91, 108, 112, 113, 124, 131, 221
예쯔룽(葉子龍) 90
예췬(葉群) 205
오히라 마사요시(大平正芳) 114
완룽(婉容) 88

왕광메이(王光美) 68, 89, 118~121, 123, 124, 142

왕멍타이(王萌泰) 86

왕스친(王士琴) 125

왕양(汪洋) 177, 181, 204, 222

왕이(王毅) 24

왕전(王震) 131

왕징웨이(王正偉) 200, 201

왕치산(王岐山) 27, 181, 182, 255

왕후닝(王滬寧) 27, 177

왕홍원(王洪文) 49, 116

우성리(吳勝利) 229, 231

우셰언(吳協恩) 213

우신슝(吳新雄) 237

원자바오(溫家寶) 31, 143, 173, 197, 198, 200, 243

웨이펑허(魏鳳和) 229, 231

위안리(元莉) 47

위안스카이(袁世凱) 33, 38, 56, 103

위정성(兪正聲) 27, 143, 144

윈스턴 로드(W. Lord) 113

이멜다 마르코스(I. Marcos) 116

이백(李白) 54

이케다 다이사쿠(池田大作) 128

ㅈ

자오러지(趙樂際) 205

자오스훙(趙世洪) 239

자오쯔양(趙紫陽) 133, 138, 166, 185

자오커스(趙克石) 227, 231

장가오리(張高麗) 27, 172, 177, 205

장더장(張德江) 27

장샤오롄(張效廉) 239

장양(張陽) 231

장완녠(張萬年) 232

장유샤(張又俠) 230

장전(張震) 228

장제민(蔣潔敏) 250

장제스(蔣介石) 88

장종(章宗) 76

장쩌민(江澤民) 48, 61, 62, 65, 134, 149, 173, 178, 186, 251, 255

장쯔중(張自忠) 97

장춘셴(張春賢) 200

장춘차오(張春橋) 49

장칭(江靑) 48, 49, 129, 141, 168, 205

장칭웨이(張慶偉) 236

장쿤성(張昆生) 249

장하이양(張海陽) 228

저우빙더(周秉德) 44, 125, 126, 129, 130, 259

저우샤오촨(周小川) 242

저우언라이(周恩來) 44, 45, 54, 99, 108~113, 116, 117, 125~131, 186

저우언타오(周恩濤) 125

저우융캉(周永康) 247, 248, 251,
　254, 255

저우창(周强) 181, 208, 237, 239

저우푸밍(周福明) 47

저우하이장(周海江) 213

정쩌광(鄭澤光) 24

제럴드 포드(J. Ford) 117

존 케리(J. Kerry) 24

주더(朱德) 55, 56, 90, 117, 130,
　131, 140, 142

주룽지(朱鎔基) 173

줘린(卓琳) 143

지덩쿠이(紀登奎) 84, 141

ㅊ

차오강촨(曹剛川) 232

창완취안(常萬全) 227, 229, 230,
　232

천량위(陳良宇) 251

천민얼(陳敏爾) 236

천보다(陳伯達) 49

천빙더(陳炳德) 232

천스쥐(陳世炬) 239

천시퉁(陳希同) 251

천윈(陳雲) 98, 131

추이톈카이(崔天凱) 24

츠하오톈(遲浩田) 232

친지웨이(秦基偉) 232

ㅋ

캉성(康生) 86, 120

캉유웨이(康有爲) 22, 57

콘돌리자 라이스(C. Rice) 62

쿠러시·마이허쑤티(庫熱西·買合
　蘇提) 237

ㅌ

탄전린(譚震林) 49

ㅍ

판창룽(範長龍) 222, 227, 229, 230,
　231

판창미(範長秘) 252

팡펑후이(房峰輝) 229, 232

펑더화이(彭德懷) 56, 120, 130, 167

푸이(溥儀) 44, 88

푸제(溥傑) 44

플라시도 도밍고(P. Domingo) 61

ㅎ

하오펑(郝鵬) 236

향비(香妃) 38

헨리 키신저(H. Kissinger) 110~113

호세 카레라스(J. Carreras) 61

화궈펑(華國鋒) 47, 84, 132, 135,

141

황싱궈(黃興國) 190, 208

후야오방(胡耀邦) 60, 99, 123, 128,
    135~140

후진타오(胡錦濤) 30, 48, 63~65,
    68, 92, 96, 98, 134, 143, 158,
    159, 161, 163, 164, 173, 179,
    186, 226, 229, 235, 239, 248,
    252, 255

후차오무(胡喬木) 56

후춘화(胡春華) 181, 208, 235, 237

후쿠다 야스오(福田康夫) 62, 79

지은이 **이나가키 교시**(稲垣 淸)

가나가와현(神奈川縣) 출생(1947)

게이오대 대학원 경제학연구과 석사과정 수료(1972)

미쓰비시 종합연구소 주임 연구원, 홍콩 지사장, 국제산업연구부 수석연구원

미쓰비시UFJ증권(홍콩) 산업조사 애널리스트

홍콩 주재 일본 총영사관 특별 연구원

2013년부터 홍콩을 거점으로 중국 정세 전반(특히 경제와 인사) 연구 종사

저서:『중국 시장을 제대로 읽는 방법(中國市場の本當の読み方)』(1986),『중
    국경제의 전환(中國經濟の轉換)』(공저, 1989),『중국의 새로운 리더:
    Who's Who(中國のニューリーダー: Who's Who)』(2003),『중국 진출 기
    업 지도(中國進出企業地図)』(2006),『재밌을수록 잘 이해된다! 현재의 중
    국(面白いほどよくわかる!いまの中國)』(2006) 외

옮긴이 이용빈

중국공산당 중앙당교, 중국공산당 중앙대외연락부 학술 방문
한반도아시아국제관계연구회(韓亞會, KPAIR) 연구원(창립의장)(2011.4~)
중국 '시진핑 모델(習近平模式)' 전문가위원회 위원(專家委員會委員)(2014.11~)

저서: *China's Quiet Rise: Peace through Integration*(공저, 2011) 외
역서: 『시진핑』(2011), 『중국의 당과 국가』(2012), 『현대 중국정치』(2013),
『마오쩌둥과 덩샤오핑의 백년대계』(2014), 『중국인민해방군의 실력』(2015),
『현대 중국의 정치와 관료제』(근간) 외

추천인 선쉬후이(沈旭暉, Dr. Simon SHEN Xu Hui)

미국 예일대학 학사 및 석사, 영국 옥스퍼드대학 박사(DPhil)

홍콩중문대학(香港中文大學, CUHK) 사회과학대학 교수(Associate Professor)

홍콩중문대학 홍콩아시아태평양연구소(HKIAPS) 국제문제연구센터(IARC) 소장

홍콩 ≪신보재경신문(新報財經新聞)≫ 주요 칼럼니스트

홍콩 방문단 대표 일원으로 중난하이 방문

저서: *Redefining Nationalism in Modern China: Sino-American Relations and*
the Emergence of Chinese Public Opinions in the 21st Century(2007) 외